Franz von Sales Doyé

Die alten Trachten der männlichen und weiblichen Orden sowie der geistlichen Mitglieder der ritterlichen Orden

reprint Verlag Leipzig

Reprint der Originalausgabe Leipzig 1930

Die Deutsche Nationalbibliothek verzeichnet diese Publikation
in der Deutschen Nationalbibliographie;
detaillierte bibliographische Daten sind im Internet über
http://dnb.dnb.de abrufbar.

Die Herausgabe des Werkes wurde durch die Vereinsmitglieder
der WBG ermöglicht.
Gedruckt auf säurefreiem und alterungsbeständigem Papier
Einbandgestaltung: Christian Hahn, Frankfurt a. M.
Einbandmotiv: Illustration aus der Originalausgabe
Prepress: schreiberVIS, Seeheim
Printed in Germany

www.reprint-verlag-leipzig.de

ISBN 978-3-8262-3027-1

Elektronisch ist folgende Ausgabe erhältlich:
eBook (PDF): ISBN 978-3-8262-4028-7

DIE ALTEN TRACHTEN

DER MÄNNLICHEN UND WEIBLICHEN ORDEN
SOWIE DER GEISTLICHEN MITGLIEDER
DER RITTERLICHEN ORDEN

*

Mit Erläuterungen zu Peter Bohmanns Abbildungen von F. K. Wietz
zusammengestellt
von

FRANZ VON SALES DOYÈ

VIER QUELLEN VERLAG / LEIPZIG

Literatur.

P. Hippolyt-Hélyot. Ausführliche Geschichte aller geistlichen und weltlichen Kloster- und Ritterorden für beiderlei Geschlecht. Leipzig 1753.

L. E. D. Brockhoff. Das Klosterleben in der heiligen katholischen Kirche. Köln 1815.

J. K. Wietz. Abbildungen sämtlicher geistlicher Orden männlichen und weiblichen Geschlechts in der katholischen Kirche. Herausgegeben von Peter Bohmanns Erben. Prag 1821.

Gründungszeit

A. Männliche Orden.

Nummer der Bildtafeln und Figuren

4. Jahrh. ABESSINISCHE ODER ÄTHIOPISCHE MÖNCHE DES HL. ANTONIUS: Habit, Kapuze, Mantel und Gürtel hellgelb; Vollbart. Andere ganz schwarz und eine dritte Gattung violett. Die meisten Schriftsteller meinen, daß die äthiopischen Mönche mit gelben Fellen bekleidet waren, was durch Alvarez bestätigt wird; es gibt aber auch solche, die in gelbes Baumwollzeug gekleidet waren; diese hätten große cremefarbige, weite Röcke von der Farbe besessen; Ludolf hingegen sagt, daß alle äthiopischen Mönche in weltlichen Kleidern gingen und nur an einem Kreuze kenntlich waren, das sie stets in den Händen trugen. Jetzt ist die Farbe des Habits schwarz oder ganz dunkelbraun. 7. 13.

Bezüglich der *Bärte* ist für alle Orden zu bemerken, daß es sich immer und bei jedem Orden nur um Vollbärte handelt. Als einzige Ausnahme von dieser Regel gelten die Bischöfe und alle Priester in Albanien, Bosnien und Herzegowina, die der Landessitte entsprechend Schnurrbärte tragen; der verstorbene Erzbischof Stadler von Sarajewo und seine Nachfolger, sowie die Jesuiten aber nicht, wohl aber die Jesuiten in Scutari (Albanien). In Konstantinopel, Rumänien, Bulgarien tragen die katholischen Priester Vollbärte, ebenso wie die der Servitenprovinz von Tirol.

ca. 462 AKÖMETISCHE ODER STUDITENMÖNCHE: Habit, Mantel und Skapulier grün mit doppelarmigem, rotem Kreuz auf der Brust; Vollbart, beschuht. 13. 26.

1593 ÄGYPTISCHE ODER KOPTISCHE MÖNCHE DES HL. ANTONIUS: Sie trugen beständig (nach Hélyot) ein Hemd von Serge (?) und darüber ein mit Baumwolle gefüttertes Kamisol, dann eine Art Unterkleid, über dem sie eine schwarze Weste mit großen Ärmeln tragen. Über all dem ein Kleidungsstück, das im Arabischen Burnus heißt, und ein

Gründungszeit | Nummer der Bildtafeln und Figuren

Mantel von Serge ist, an dem eine große Kappe hängt. Als Kopfbedeckung trugen sie einen gestreiften Turban und darüber eine Art Binde, die man Bellin nannte, ebenfalls gestreift. Diese Binde wurde einige Male um den Hals, oder wo es sonst bequem war, geschlungen, und die Enden fielen frei über den Rücken. Über der Mütze trugen sie noch eine Art Krone von schillerndem, rötlichen Taffetband, etwa 4 Finger breit. Dieses Band war oben auf der Mütze in Kreuzform von einem Ende zum anderen befestigt und ging dann rund um den Turban. Nach Wietz trugen sie kurzen Habit und kurzen Mantel von hellbrauner Farbe, und der Turban war zum Teil hellblau und zum Teil weiß mit blauen Streifen; Schuhe; Vollbart. 6. 12.

1309 ALEXIANER ODER CELLITEN: Strümpfe, Rock, Skapulier, Kapuze, Mütze schwarz, Strick grau; beschuht; Vollbart. 51. 102.

4. Jahrh. ALTE ORIENTALISCHE MÖNCHE: Nach Kassian trugen sie kurze leinene Röcke, Kapuze oder Flocken bis über die Schultern; zwei wollene Bänder, die oben von der Schulter herabhingen, dienten, das Kleid zusammenzuhalten; ein Mantel von sehr grobem Zeuge bedeckte Hals und Schultern; sie trugen auch Röcke von Ziegen- oder Schaffellen, gingen barfuß auf Sandalen oder in Holzschuhen. 8. 16.

ANACHORETEN, MORGENLÄNDISCHE: Die meisten von ihnen waren mit einem langen, weißen Gewande oder mit Röcken von Ziegenhaaren gemacht bekleidet; viele waren auch mit Fellen bekleidet. Jakob v. Nisibis hatte nur einen Rock und einen kleinen Mantel von groben Ziegenhaaren. Des alten Simeon Schultern waren nur von einem ganz zerrissenen Felle bedeckt. Einsiedler Baradat hatte einen Rock von Fellen, der ihn vom Kopf bis zu den Füßen bedeckte, mit nur zwei kleinen Öffnungen für Nase

Gründungszeit | Nummer der Bildtafeln und Figuren

und Mund. Der Einsiedler Zeno hatte nichts als alte Felle zur Kleidung. Der Einsiedler Serapion hatte nur ein Leilach oder ein großes Stück Tuch zum Bedecken, daher sein Beiname Sindonites. Ein Einsiedler des Berges Sinai aber war nur mit seinen eigenen Haaren bedeckt, ebenso der Anachoret Gregorius; er lebte 35 Jahre ganz nackt in der Wüste, auch so Sophronius durch 62 Jahre.

ANTONITEN, siehe Mönche des hl. Antonius.

1160 ARME KATHOLIKEN mit dem Orden der Einsiedler des hl. Augustin vereinigt: Habit, Mantel, Kapuze hellgrau, breiter Riemen, Kopf geschoren bis auf einen Haarkranz; beschuht. 44. 88.

ARMENISCHE MÖNCHE DES HL. ANTONIUS, siehe Mechitaristen.

AUGUSTINER-TERTIARIER: Unter den weltlichen Kleidern trugen sie ein kleines schwarzes Skapulier von Tuch oder Serge und einen Ledergürtel.

BARFÜSSER-CONGREGATION: nach Brockhoff waren die Franzosen und Italiener von den Kapuzinern nur durch die schwarze Farbe und den ledernen Gürtel unterschieden. Die ersteren trugen Bärte, die Italiener und Spanier dagegen ließen sich scheren.. Franzosen und Italiener hatten eine spitzige Kapuze. Die Spanier trugen längeren Mantel und Sandalen von Stricken. Die Laienbrüder schieden sich in Bekehrte (Conversi) und Anvertraute (Commissi); erstere hatten eine Kapuze, letztere einen Hut.

1589 BARFÜSSIGE AUGUSTINER IN DEUTSCHLAND: Habit, Gürtel, Mantel und Kapuze schwarz; barfuß auf Sandalen. 44. 87.

1540 BARMHERZIGE BRÜDER DES HL. JOHANN V. GOTT, auch Brüder der christlichen Liebe, oder Brüder der Gastfreundschaft, oder Fate bene Fratelli;

Gründungszeit		Nummer der Bildtafeln und Figuren
	siehe auch Hospitaliter des hl. Johann v. Gott. Habit, Skapulier und Ledergürtel, sowie Hut schwarz (früher hatten sie eine Art Haube); beschuht.	55. 110.
1530	BARNABITEN = Regulierte Geistliche der Congregation des hl. Paulus, auch Pauliner. Wie die Weltpriester gekleidet, nur waren ihre Kleider von gröberem Stoffe; schwarzer Gürtel mit Schnalle und Hut; beschuht.	54. 108.
1308	BARTHOLOMITEN v. Genua; sie hießen auch armenische Mönche, weil sie von Armenien nach Genua gekommen waren: Nach Hélyot kastanienbrauner Rock, später weißer Rock, schwarzes Skapulier, Kappe und Kapuze; nach Wietz Habit und Skapulier weiß, Mantel schwarz; Vollbart, Kopf geschoren (Haarkranz); beschuht.	13. 25.
358	BASILIANER, Sammelname für russische (moskowitische), griechische, polnische und italienische Mönche des hl. Basilius.	
	BEFREITE IN FRANKREICH, Benediktiner-Congregation: Von ihrer Kleidung ist zwar nichts erwähnt, da aber die Benediktiner von St. Waast zu ihnen zählten, so ist wohl auch deren Kleid das ihrige gewesen.	
	BEGGHARDEN, siehe Dritter Orden des hl. Franziskus.	
6. Jahrh.	BENEDIKTINER-CONGREGATION: AURELIANER, siehe Benediktinertracht.	
unbek.	— — ST. BENIGNUS: ist mit der von St. Maur vereinigt.	
1628	— — in der BRETAGNE } von der allgemeinen Kleidung der Benediktiner nicht abweichend.	
15. Jhrh.	— — VON BURSFELD } von der allgemeinen Kleidung der Benediktiner nicht abweichend.	
1115	— — VON CADUIN } von der allgemeinen Kleidung der Benediktiner nicht abweichend.	

Gründungszeit		Nummer der Bildtafeln und Figuren
	BENEDIKTINER-CONGREGATION (Fortsetzung).	
506	— — CÄSARINER, siehe diese.	
1050	— — VON CAVA: Kleidung schwarz, der der Weltpriester ähnlich; im Chore schwarze Kutte.	
11. Jhrh.	— — VON CHAISE-DIEU: mit St. Maur vereinigt.	
1505	— — VON CHAZAL- (CHEZAL-) BENOIT: keine besonderen Merkmale genannt.	
696	— — VON ST. CLAUDIUS, ST. OYAN UND VOM BERGE JURA in Burgund. Adelige Benediktiner, Staatskleid: Habit, Mantel, Hut schwarz, Goldkreuz an rotem Bande, Bäffchen und verkleinertes weißes Skapulier.	59. 117.
910	— — VON CLUNI: Habit mit Kapuze schwarz, Kutte desgleichen, Leder- oder Tuchgürtel.	59. 118.
1066	— — VON CLUSE in Piemont: wie die übrigen Benediktiner.	
628	— — VON ST. DENIS (Dionysius): Habit, Kapuze, Mantel schwarz, Leder- oder Tuchgürtel.	57. 114.
1098	— — VON EBRALDSBRUNN (Font-Evraud): Habit, Kapuze, Kragen, Strick schwarz, Kopf geschoren (Haarkranz).	63. 125.
1603	— — ENGLÄNDISCHE: Habit, Skapulier, Kapuze schwarz.	68. 136.
7. Jahrh.	— — VON FLEURI: gewöhnliche Benediktinerkleidung.	
1000	— — VON FONTE-AVELLINO (Avellano): Abbérock und Birett sowie Strümpfe weiß, Mantel blau.	60 120.
744	— — VON FULDA: Habit weiß, Überkleid und Kapuze schwarz, Kopf geschoren (Haarkranz).	58. 115.

Gründungszeit		Nummer der Bildtafeln und Figuren
	BENEDIKTINER-CONGREGATION (Fortsetzung).	
1069	— — VON HIRSCHAU: gewöhnliche Benediktinerkleidung.	
1119	— — VOM JUNGFRAUBERG (Monte Vergine) in Neapel: Schnallenschuhe, Habit, Mantel, Kapuze und Hut weiß.	64. 127.
7. Jahrh.	— — VON LÉRINS: wie die von Cluni.	
8. Jahrh.	— — VON MARMOUTIER: die meisten waren nur mit Kamelhaarzeug bekleidet, und es galt als Verbrechen, wenn man ein Kleid trug, das ein wenig nach Weichlichkeit eingerichtet war; diese Congregation wurde mit der von St. Maur vereinigt.	
1628	— — VON ST. MAUR: Kleidung wie die von Cluni.	
1418	— — VON MÖLK: gewöhnliche Kleidung der Benediktiner.	
720	— — VON MONTE CASSINO, auch von der Grotte des hl. Benedikt genannt; sie wurde vereinigt mit der Congregation von St. Justina in Padua: Habit, Mantel und Skapulier schwarz; Kopf geschoren (Haarkranz).	67. 133.
1628	— — VON ST. PLACIDUS IN DEN NIEDERLANDEN } nichts besonderes.	
841	— — VON ST. PLACIDUS IN SIZILIEN } nichts besonderes.	
1558	— — IN PORTUGAL: wie in Spanien.	
1088	— — VON SASSO VIVO in Italien: wie von Monte Cassino.	
1079	— — VON SAUVE-MAJEUR in Frankreich. } nichts besonderes.	
1112	— — VON SAVIGNY: sie wurden mit den Cisterciensern vereinigt. } nichts besonderes.	
1602	— — IN DER SCHWEIZ } nichts besonderes.	

Gründungs-zeit		Nummer der Bildtafeln und Figuren
	BENEDIKTINER-CONGREGATION (Fortsetzung).	
	— — IN SPANIEN: wie die Cäsariner.	
1117	— — VON ST. SULPITIUS in der Bretagne: Zuerst aschgraue, später schwarze Benediktinerkleidung.	
1114	— — VON TIRON: aschgraue Kleidung, sie nahmen aber später die schwarze an.	
15. Jhrh.	— — VALLADOLID: wie von Monte Cassino.	
1596	— — ST. VANUS UND ST. HILDULPH in Frankreich: wie von Monte Cassino.	
17. Jhrh.	— — VERBESSERTE VON PERECY in Burgund: Habit und Skapulier schwarz.	68. 135.
1000	— — VON ST. VICTOR in Marseille: Mantel, Habit und Birett schwarz.	58. 116.
	— — VON DER STRENGEN OBSERVANZ: wie in Cluni.	
16. Jhrh.	— — VON ST. WAAST, Arras: Habit, Birett, Kragen und Pelzstola schwarz; Chorhemd von Serge.	67. 134.

Die gewöhnliche Kleidung der Benediktiner besteht jetzt aus dem Talar oder Leibrock mit Leder- oder Tuchgürtel (bei den von St. Blasien rot), dem Skapulier, d. h. einem über Brust und Rücken bis zu den Füßen fallenden, seitwärts offenen Schultergewand mit oder ohne Kapuze. Darüber wird beim Gottesdienst und anderen offiziellen Gelegenheiten die Kukulle, in manchen Klöstern auch Flocke oder Kutte genannt, getragen, ein weitfaltiges, lang- und weitärmeliges, bis zu den Füßen reichendes Gewand mit oder ohne Kapuze. In manchen Kongregationen des Benediktinerordens trägt man auch ein weißes Kollar. Die Laienbrüder tragen in einigen Kongregationen des Ordens (Beuroner, Gallische, Belgische) beim Gottesdienst und anderen offiziellen Gelegenheiten über dem Talar, mit oder ohne Skapulier, mit oder ohne

Gründungs-zeit | Nummer der Bildtafeln und Figuren

Kapuze, einen langen faltenreichen Mantel. Tonsur mit oder ohne Haarkranz.

17. Jhrh. BERNHARDINER, VERBESSERTE, Religiosen des Cistercienserordens: weiße Kleider und ebensolche Kukulle oder Kutte; die Laienbrüder hatten tannenfarbige Kleider; im übrigen wie die Cistercienser.

1257 BETHLEHEMITEN, AUCH STERNTRÄGER IN ENGLAND: Habit und Skapulier weiß mit fünfeckigem rotem Sterne, der inmitten eine kleine blaue Scheibe hat; Mantel und Kapuze schwarz; Kopf geschoren (Haarkranz). 49. 97.

1673 — IN WESTINDIEN: Habit, Kapuze und Mantel kapuzinerbraun, Gürtel von Leder mit Schnalle von Horn, Rosenkranz, schwarzer Hut; auf der rechten Seite des Mantels befindet sich ein Bild von Christi Geburt bzw. der hl. Familie; Vollbart, barfuß auf Ledersandalen. 49. 98.

1626 BONS FILS (Gute Söhne) vom dritten Orden des hl. Franziskus: langer Rock von grauem Tuche mit einem Strick umgürtet; außer dem Haus grauer Mantel und schwarzer Hut.

BRÜCKENBRÜDER, siehe Hospitalmönche Brückenbrüder.

1328 BRÜDER GREGOR DES ERLEUCHTERS, siehe Orden der vereinigten Brüder Gregor des Erleuchters.

BUSSFERTIGE BRÜDER, siehe Dritter Orden unter Buchstaben O Bußfertige Religiosen.

— RELIGIOSEN, desgleichen.

4. Jahrh. CARMELITEN, BESCHUHTE: Habit und Skapulier schwarz oder schwarzgrau, braungrau (naturfarben), Mantel weiß mit schwarzen Querstreifen, Haarkranz; zu anderer Zeit: Habit braun mit schwarzem Leder-

Gründungs-zeit		Nummer der Bildtafeln und Figuren
	CARMELITEN (Fortsetzung). gürtel, Rosenkranz, Mantel weiß, Hut schwarz, oder Habit, Skapulier und Cingulum schwarz, Mantel und Kapuze weiß.	
	— — ZU ANTWERPEN: Habit hellbraun, Mantel kürzer, weiß mit kastanienbraunen Längsstreifen, Haarkranz.	14. 28. u. 27. 15. 30. u. 29.
1413	— — ZU MANTUA: Habit, Skapulier braun, Mantel, Kapuze und Hut weiß. Im allgemeinen hatten sie ursprünglich weiße Mäntel, dann weiß und dunkel gestreifte; die übrigen Kleidungsstücke waren von brauner Farbe; später herrschte vorübergehend und territorial die schwarze Farbe vor, und die braune hatten nur noch die Laienbrüder.	16. 31.
1562	— UNBESCHUHTE: Habit und Skapulier braun, darüber enger, weißer Mantel, Rosenkranz, Haarkranz.	16. 32.
	— — EINSIEDLER; über ihre Gewandung ist nichts zu finden.	
1636	— — genannt von der ersten Stiftung; von deren Kleidung ist nichts zu finden.	
	— INDISCHE (indianische), siehe Indischer Orden.	
	— DRITTER ORDEN: sie trugen schwarze oder dunkelfarbige Talare, darüber einen zwei Finger breiten, schwarz ledernen Gürtel. Über dem Talare das Skapulier bis über die Knie reichend. Weiße, bis auf die Waden reichende Cappa nach Art eines Mantels. Diese Kleidung trugen sie je nach Ortsgebrauch auch öffentlich; da, wo diese Tracht zu tragen nicht gebräuchlich war, gingen sie, wie die Weltleute gekleidet, aber in dunklen Farben.	
1084	CARTHÄUSER: sie trugen ein rauhes wollenes oder härenes Gewand auf dem bloßen Leibe, ein weißes	

Gründungszeit | Nummer der Bildtafeln und Figuren

Oberkleid von Tuch oder Wolle mit einem Ledergürtel oder Hanfstrick, woran dann später ein weißer, großer Rosenkranz befestigt wurde; ein weißes mit einer Kapuze versehenes Skapulier (Cuculla genannt), das beinahe wieder ein geschlossenes Gewand bildete, weil der Vorder- und Rückenteil zu beiden Seiten über den Schenkeln durch breite Zeugstreifen miteinander verbunden waren. Der Sacerdos hebdomadarius und der Diakon trugen (und tragen heute noch) am Altare bei dem Conventamt die Cuculla ecclesiastica (der Sarcerdos trägt sie unter der Alba); dieselbe hat ungefähr die Form der Benediktiner-Chor-Cuculla (mit Kapuze); außerdem trugen sie Schuhe und Strümpfe (diese letzteren bestanden aus zwei getrennten Teilen: caligae et pedulia. Die letzteren bedeckten nur die Füße, die caligae die Beine bis zu den Knien.

Die Laienbrüder hatten eine ähnliche Kleidung, aber ein kürzeres Skapulier, und für den Ausgang (über die Grenzen, limites) einen grauen oder braunen Mantel mit Kapuze, während die einen schwarzen Mantel tragen (wie die Novizen im Chore).

Die Donaten, die wegen einer schwächeren Körperbeschaffenheit oder aus anderweitigen Gründen nur zu leichteren Arbeiten verwendet wurden, trugen graue oder kastanienbraune Gewänder, die nur bis zu den Knien reichten, und ein viel kürzeres Skapulier von der Farbe ihrer Kleidung. Inbetreff des Ciliciums (härenes Bußhemd) ist es nicht sicher, ob dasselbe früher größer und härter war wie heute; heute hat dasselbe die Form eines Skapuliers, das nur Brust und Rücken bedeckt und mit einem Lumbarium (Lendenstrick) zusammengehalten wird. 74 148.

1237 CÄSARINER, Orden des hl. Cäsarius; sie beobachteten die Regel des hl. Benediktus und werden vielfach den Benediktinern beigezählt; ihr Habit, Mantel und Kapuze war schwarzgrau; sie trugen einen Strick mit

Gründungs-zeit		Nummer der Bildtafeln und Figuren
	Knoten und gingen barfuß auf Sandalen von Holz; ihr Kopf war bis auf einen Haarkranz geschoren.	69. 137.
1698	CHALDÄISCHE MÖNCHE DES HL. ANTONIUS, auch Nestorianische Mönche genannt; sie seien hier nur der Vollständigkeit halber angeführt: schwarzer Rock und Oberrock, hellblauer Turban; Bart.	5. 10.
	CHORHERREN, siehe unter Regulierte Chorherren.	
1097	CISTERCIENSER: sie trugen einen Talar von weißer Wolle, schwarzwollenen Gürtel, darüber schwarzes Skapulier und Kapuze. Für den Ausgang benützten sie eine schwarze und für den Chordienst eine weiße Kutte. Die Laienbrüder waren braun, die Novizen weiß gekleidet.	61. 121.
1616	— VON ARAGONIEN: wie vorstehend beschrieben.	
1196	— VON FLORE IN KALABRIEN, Floriazenser: kurzer, nur bis zu Knien reichender, weißer Habit, weiße Kapuze, Rosenkranz, Kopf geschoren (Haarkranz), barfuß.	62. 124.
	— DES HL. BERNHARD IN DER LOMBARDEI } wie die oben beschriebenen Cistercienser	
1623	— VON ROM } wie die oben beschriebenen Cistercienser	
1633	— U. L. F. IN KALABRIEN: von Kleidung nichts erwähnt.	
1423	VON DER OBSERVANZ: sie unterschieden sich von den übrigen Cisterciensern nur durch einen weißen Gürtel.	
1254	CÖLESTINER: weißes enganliegendes Obergewand, schwarzes Skapulier und ebensolche Kapuze, Gürtel von Wolle oder weißem Leder. Für den Chordienst und für Ausgänge bedienten sie sich einer schwarzen Kutte; Laienbrüder und Oblaten trugen tannenfarbige	

Gründungszeit		Nummer der Bildtafeln und Figuren
	Kleidung, ähnlich wie die Cisterciенserbrüder. Das Skapulier war mit einem weißen Kreuze bezeichnet, um dessen unteren Balkenteil sich ein S schlang.	65. 130.
	CONVENTUALEN, siehe Minoriten.	
	— VERBESSERTE vom Orden des hl. Franziskus von Assisi, siehe Mindere Brüder.	
	COPTISCHE MÖNCHE, siehe ägyptische Mönche.	
1328	CORPUS CHRISTI, ORDEN VON: Habit, Kragen und Kapuze weiß; Kopf geschoren bis auf einen Haarkranz.	66. 131.
	DOKTRINARIER (Padri della dottrina cristiana, Pères doctrinaires): nichts über Kleidung zu finden.	
	DOMHERREN VON USEZ UND PAMIERS, siehe unter Regulierten Chorherren.	
1216	DOMINIKANER, PREDIGERBRÜDER: Habit und Skapulier weiß, schwarzledernes Cingulum unter dem Skapulier, Mantel und Kapuze schwarz; Haarkranz; beschuht.	46. 92.
1636	— VON DER CONGREGATION DES HL. SAKRAMENTES oder ursprünglich Observanz des Predigerordens: Habit und Skapulier, Mantel und Kapuze weiß.	46. 91.
624	DONATEN, ORDEN DER: Kleidung wie die der Religiosen des hl. Kolumban.	
1393	EINSIEDLER DES SEL. ANGELUS VON CORSICA, Nicolaus Jouraque-Palène, Petrus von Malerbe, tirolische und bayrische, die sich alle mit der Congregation des sel. Petrus von Pisa vereinigten. Es ist nur angegeben, daß die Einsiedler des sel. Angelus Vollbärte trugen und barfuß auf Sandalen gingen.	

Gründungszeit — Nummer der Bildtafeln und Figuren

EINSIEDLER (Fortsetzung).

1223 — DES HL. AUGUSTIN: sie trugen schwarze oder weiße Kleider mit weiten Ärmeln nach Art der Kutten, darüber breite Ledergürtel, in der Hand einen Stock mit Krücke. Die Röcke ließen nur die Schuhe sehen, damit man sie von den unbeschuhten unterscheiden könne. Die Brigittaner erreichten, daß ihre Kleidung grau anstatt schwarz sein durfte und sie sich weder eines Gürtels noch des Krückstockes bedienen mußten. Später mußten sie einen weißen Rock und ein weißes Skapulier tragen, sowie bei Ausgängen und im Chor sich einer großen schwarzen Kutte mit langen Ärmeln bedienen, an der sich eine große Kapuze befand, die vorn rund und hinten bis zum schwarzen Ledergürtel hinabreichte. 43. 85.

300 — VOM BERGE LUCO bei Spoleto: Habit hellbraun, vorne von casulaartigem Schnitte (nach Art der Paulanermönche), mit Kapuze und Strick, ebenfalls hellbraun; Bart, barfuß auf Sandalen. 1. 2.

1406 — VON FIESOLE: grauer Habit, Ledergürtel, Kapuze an der Mozetta und eine um den Hals gefaltete, gleichfalls graue Kappe. Bis ins 16. Jahrhundert gingen sie bloßfüßig auf Sandalen, dann aber beschuht.

1393 — DES HL. HIERONYMUS in Portugal: über dem weißen Rock schmales schwarzes Skapulier und Kapuze, woran die Mozetta befestigt war; für den Ausgang diente ihnen eine lange, stark gefaltete Kappe.

1380 — DES HL. HIERONYMUS von der Congregation des sel. Petrus von Pisa: Habit, Kragen, Kapuze braun, Birett und Ledergürtel schwarz. 53. 105.

unbek. — DES HL. JOHANNES DES TÄUFERS von der Buße: lange, geschlossene Röcke, Skapulier und kurze Kapuzen-Mäntel von grober, brauner Wolle; um den Leib trugen sie einen Riemen und auf der Brust hatten sie ein hölzernes Kreuz; barfuß auf Sandalen.

Gründungszeit		Nummer der Bildtafeln und Figuren
	EINSIEDLER (Fortsetzung).	
unbek.	— U. L. F. VON GONZAGA: man weiß nicht, wie sie gekleidet waren.	
1424	EINSIEDLERMÖNCHE DES HL. HIERONYMUS, Hieronymiten: weißer Rock, mittels eines Riemens gegürtet, lohfarbiges Skapulier und kleine Kapuze, viereckige Mütze (Birett). Für den Chordienst und bei Ausgängen lohfarbige Kutte.	52. 104.
	EINSIEDLER UND MÖNCHE DES HL. PAULUS VON THEBEN: siehe Eremiten des hl. Paulus von Theben.	
12. Jhrh.	EREMITEN DES HL. PAULUS IN FRANKREICH oder Väter des Todes: Habit weißgrau, Skapulier und Kapuze schwarz; auf der Brust (auf dem Skapulier) ein Totenkopf; barfuß auf Sandalen.	3. 5.
1099	— DES HL. PAULUS IN PORTUGAL: Habit lohfarbig, Mantel schwarz, Hut; Vollbart, barfuß auf Sandalen.	2. 4.
4. Jahrh.	— — VON THEBEN: Habit und Mantel mit Kapuze weiß; Vollbart, barfuß auf Sandalen.	2. 3.
558	FEREOLINER, Mönche des hl. Fereol: Kleidung aus natürlicher brauner Wolle.	
1587	FEUILLANTEN (Fulienser), verbesserte Cistercienser: die französische Kongregation hieß von N. D. des Feuillans; die italienische „Verbesserte des hl. Bernhard". Letztere trugen eine sehr weite, weiße Kutte mit einem Gürtel, aber ohne Skapulier. Die Kapuze war sehr groß und ebenfalls weiß. Die Franzosen trugen engere und nicht so feine Gewänder. Für den Ausgang hatten sie weiße, breitkrempige Hüte. Laienbrüder trugen einen Strick statt Gürtel; die Oblaten hatten keine Kapuze, dafür einen runden weißen Hut, und die Kutte ging nur bis zu den Waden. Bei Ausgängen trugen sie einen weißen	

Gründungszeit		Nummer der Bildtafeln und Figuren
	Mantel, der nicht ganz bis an die Knie reichte. Bei der Arbeit wurden, ebenso wie bei den Laienbrüdern, leinene Skapuliere verwendet.	62. 123.
1370	FREIWILLIGE ARME: tannenzapfenfarbige Kleidung, barfuß auf Sandalen, in der Hand einen langen Stab mit einem Kruzifix.	
640	FRUKTUOSUS, Orden des hl.: von Kleidung ist nichts gesagt.	
14. Jhrh.	GEISTLICHE VOM GEMEINSCHAFTLICHEN LEBEN: Habit und Kapuze schwarz, Haarkranz.	38. 75.
	GEORGISCHE MÖNCHE, siehe Melchitische Mönche.	
599	GIRONDINER, Orden der: Rock, Skapulier und Mantel mit runder Kapuze von weißem Wollenzeug; auf der Brust am Skapulier das Wappen des Stifters: 2 rote und 2 grüne Pfähle im goldenen Felde.	
1073	GRANDMONTENSER in Frankreich: sie wurden vom Volke bons hommes (die guten Leute) genannt; Habit, Skapulier und Kapuze schwarz, weißer Überwurf und viereckige Mütze (Birett).	74. 147.
	GRIECHISCHE MÖNCHE des hl. Basilius, siehe Kaloger.	
	GUTE SÖHNE, siehe Bons fils.	
	GUTER TOD, siehe Regulierte Geistliche eines guten Todes.	
	HIERONYMITEN, siehe Einsiedlermönche des hl. Hieronymus.	
1212	HOSPITALBRÜDER VON BURGOS: Ordenszeichen goldener Turm und das Kreuz von Calatrava.	
	— OBREGONEN, siehe Obregonen.	

Gründungszeit — Nummer der Bildtafeln und Figuren

HOSPITALITER VOM HL. ANTONIUS, siehe Regulierte Chorherren vom hl. Antonius.

13. Jhrh. — DER CHRISTLICHEN LIEBE U. L. F.: Rock, Skapulier und Kappe schwarz.

1188 — DES GROSSEN SPITALS IN PARIS: Rock,
1217 Mantel und Kapuze schwarz, Überwurf weiß. 45. 89.

— DES HL. JOHANN VON GOTT IN FRANKREICH, siehe Barmherzige Brüder. 55. 109.

12. Jhrh. — — DES TÄUFERS IN DOTINGHAM: ins rötliche fallende Röcke, schwarze Mäntel.

1292 — U. L. F. DE LA SCALA oder von der Leiter zu Siena: Leibrock, Mantel, Kapuze und Hut schwarz; auf der linken Brustseite eine gelbe Miniaturleiter; auf dem Kopfe eine Art Haube mit weißen Bändern unter dem Kinn gebunden und darüber ein schwarzes Birett. 50. 100.

1585 HOSPITALBRÜDER DER CHRISTLICHEN LIEBE von St. Hippolyt: die Kleidung gleicht fast ganz der der Hospitaliter des hl. Johann von Gott.

12. Jhrh. HOSPITALCHORHERREN VON CONVENTRY in England: Habit, Skapulier, Mantel und Kapuze braun, schwarzes Kreuz auf der Brust und links auf dem Mantel; Vollbart. 33. 65.

12. Jhrh. — VON ST. JAKOB DU HAUT-PAS oder von Lucca: Habit, Mantel und Kapuze grau, schwarzweißes Cingulum und Schnur um den Hals; Kopf geschoren (Haarkranz). Auf der linken Seite des Mantels eine Art Hammer mit spitzem Stiele aus weißem Tuch geschnitten und aufgenäht. 34. 68.

— ZU ST. JOHANN DEM TÄUFER in Beauvais: Habit und Rochett mit weiten Ärmeln weiß, schwarze Kapuze, Haarkranz. 35. 70.

Gründungszeit		Nummer der Bildtafeln und Figuren
	HOSPITALMÖNCHE VON ST. GERVASIUS IN FRANKREICH: Habit, Mantel und Kapuze dunkelgrün.	34. 67.
1189	— Brückenbrüder: weiße Kleidung, daher auch Weiße Priester genannt.	
1159	HUMILIATEN, auch Barettiner: Habit ursprünglich grau, große spitze Mütze, von der sie den Namen Barettiner haben; später trugen sie weiße Kleidung, und zwar Habit, Mantel, Cingulum, Kapuze und Hut (in Helmform).	64. 128.
	JAKOBITENMÖNCHE, siehe Syrische Mönche.	
1365	JESUATEN DES HL. HIERONYMUS: Habit weiß, Lederriemen und lohfarbige Mäntel; Kopf geschoren (Haarkranz), hölzerne Sandalen.	51. 101.
1540	JESUITEN: im wesentlichen wie die Weltpriester des betreffenden Landes; Talar, Mantel, Cingulum, Hut schwarz; JHS auf der Brust (heute nicht mehr, wohl aber Rosenkranz).	75. 150.
1506	INDISCHER ORDEN DER CARMELITEN (Indianischer Orden genannt), Congregation (Missionsgesellschaft) des Carmelitenordens zur Bekehrung der Heiden im damals entdeckten Indien: Rock schwarz, weißer Überhang bis an die Waden, ohne Ärmel; auf beiden Seiten nur ein Schlitz, um die Arme durchzustecken.	17. 34.
601	ISIDOR, MÖNCHE DES HL.: weißwollener Rock und Kapuze, ledernes Skapulier, oder kleiner Rock und weißer Mantel, barfuß auf Sandalen.	
	KAJETANER, siehe Theatiner.	
5. Jahrh.	KALOGER ODER GRIECHISCHE MÖNCHE DES HL. BASILIUS: Novizen trugen Rock, Tunika und hohe schwarze Kappen; Bart. Ordentliche, vollkom-	

Gründungszeit		Nummer der Bildtafeln und Figuren
	mene Mönche Talar, Mantel und Kapuze schwarz, barfuß auf Sandalen; Vollbart. 5 Kreuze von wollenem Bande: eins auf der Stirn, eins auf der Brust, eins hinten und zwei auf den Seiten des Kragens, auf jeder Seite eins. Andere beschreiben den Archori (Novizen) mit kurzem schwarzen Rock und ebensolchem Überrock, schwarzer hoher Mütze, Schuhe und Strümpfen; die Megalochemy (die vollkommenen Mönche) wie vorbeschrieben.	9. 17. u. 18.
1012	KAMALDULENSER (EINSIEDLER VON ST. ROMUALD): Habit und Cingulum weiß, Skapulier mit daran befestigter Kapuze ebenfalls weiß; Rosenkranz, Bart, Haarkranz; Holzschuhe.	60. 119.
1476	— VON MURANO, wie die vorbeschriebenen.	
1520	— -EINSIEDLER VOM KRONENBERG oder St. Romuald: Rock, Skapulier und Kapuze von weißer Bure; als Gürtel dienten Schroten von demselben Zeuge, kurze weiße Mäntel, barfuß auf Sandalen, Bart.	
1601	— VON TURIN, wie die gewöhnlichen Kamaldulenser.	
	— -EINSIEDLER VON ST. SEVER in der Normandie: sie trugen Kapuze und ein bis an die Knie gehendes Skapulier.	
1626	— — VON U. L. F. VOM TROSTE, sind gekleidet wie die von Kronenberg, tragen aber Schuhe und wie die anderen im Chore Kutten.	
	KAMILLIANER, siehe Väter des guten Todes.	
	KAPUZINER, siehe Mindere Brüder Kapuziner.	
1317	KLARENINER: Habit mit Kapuze dunkelgrau, weißer Strick mit Knoten; barfuß; Bart.	69. 138.
590	KOLUMBANER, Religiosen des hl. Columban: Habit, Kragen, Kapuze und Überwurf weiß, die Kapuze hatte vorn den Schnitt einer jetzigen Casula.	57. 113.

Gründungszeit		Nummer der Bildtafeln und Figuren
	KOPTISCHE MÖNCHE, siehe Ägyptische Mönche.	
12. Jhrh.	KREUZTRÄGER IN FRANKREICH, DEUTSCHLAND UND DEN NIEDERLANDEN: Habit weiß, Skapulier schwarz mit rotem Kreuz auf der Brust, Mantel und Hut schwarz, Schnallenschuhe.	31. 62.
	KREUZTRÄGER IN ITALIEN, siehe Regulierte Chorherren.	
	LAZARISTEN, Missionspriester: bis auf Unwesentliches nicht verschieden von Weltpriestern.	
	LERINSER MÖNCHE, siehe Orden der Lerinser Mönche.	
	LIGUORIANER, siehe Redemptoristen.	
	MAKARIANER, siehe Mönche des hl. Makarius.	
400	MARONITISCHE MÖNCHE DES HL. ANTONIUS: sie waren mit einem langen Gewande von braunem Wollenstoff bekleidet, das durch einen schwarzen Ledergürtel zusammengehalten wurde, darüber trugen sie einen grauen Mantel; sie gingen barfuß; auf dem Kopfe trugen sie von schwarzem Tuch eine Kapuze und um diese Kopfbedeckung noch eine blaue Binde. Nach Wietz hatten sie schwarzen Habit und Kapuze, schwarzledernes Cingulum, trugen einen Bart und gingen barfuß auf Sandalen.	
	MATHURINER, siehe Trinitarier.	
1703	MECHITARISTEN, Armenische Mönche des hl. Antonius nach der Regel des hl. Benedikt: langes schwarzes Gewand mit breitem schwarzem Ledergürtel, darüber ebenfalls schwarzer, aber kürzerer, vorn offener Rock. Für Ausgänge bedienten sie sich eines langen schwarzen Mantels mit spitzer Kapuze; Vollbart. Nach Wietz hatten sie früher ein blaues Kreuz auf Habit und Mantel und einen Haarkranz; beschuht.	5. 9.

Gründungszeit		Nummer der Bildtafeln und Figuren
unbek.	MELCHITISCHE, GEORGISCHE UND MINGRELISCHE MÖNCHE DES HL. BASILIUS: weißes Hemd, lange graue oder schwarze Beinkleider, die zugleich Strümpfe darstellten, schwarze Jacke, nicht ganz bis an die Knie reichend, schwarze Kappe, die über die Ohren ging, und Schuhe aus ungegerbtem Rindsleder mit Riemen geschnürt.	10. 19.
	MERCEDARIER, siehe Trinitarier.	
1527	MINDERE BRÜDER DES HL. FRANZISKUS: Kapuziner: Habit mit langer, spitzer Kapuze, Mantel nur bis über die Arme; ein grober Strick, dick und mit Knoten versehen; das Oberkleid (Habit) durfte nur so weit sein, daß man eben mit den Armen hindurch konnte; Sandalen und nur im Bedarfsfalle Socken und Sohlen. Die Farbe der Kleidung war braun; auch trugen sie Bart und Rosenkranz.	72. 144.
	— — Clareniner, siehe Klareniner.	
	— — Cölestiner, siehe Cölestiner.	
1406	— — COLETANER: die Kleidung entspricht der der Minderen Brüder von der Observanz.	
	— — CONVENTUALEN, siehe Mindere Brüder Minoriten.	
	— — CONVENTUALEN, VERBESSERTE: grober aschfarbener Rock, ebensolcher langer Mantel, darüber Mozetta mit runder Kapuze, knotiger Gürtel und Sandalen.	72. 143.
1329	— — FRANZISKANER VON DER GESELLSCHAFT GENTILS von Spoleto: Habit mit Kragen in Skapulierform, Kapuze schwarz, Strick weiß, Sandalen, Bart, Haarkranz.	70. 139.
1517	— — MINORITEN, Conventualen, auch Observanten genannt: schwarzes, mit einem Strick gegürtetes	

Gründungszeit		Nummer der Bildtafeln und Figuren
	MINDERE BRÜDER (Fortsetzung). Gewand, kleine, runde Kapuze an einer Mozetta oder runder, schwarzer Hut.	71. 142.
1368	— — VON DER OBSERVANZ: Habit, Mantel, Kapuze braun, Haarkranz, barfuß, Sandalen, weißer Strick mit Knoten. Die Kleidung dieser Observanten war sehr schwerfällig aus grobem, braunen Wollenstoff verfertigt in der Form eines Sackes.	70. 140.
1592	— — RECOLLECTEN, von der strengen Observanz in Frankreich: Habit, Mantel und Kapuze dunkelgrau, weißer Strick mit Knoten, barfuß, Holzsandalen, Haarkranz.	71. 141.
	MINDEREN, DIE, siehe Regulierte Geistliche die Minderen genannt.	
	MINGRELISCHE MÖNCHE, siehe Melchitische Mönche.	
1435	MINIMEN ODER PAULANER: Die Kleidung mußte aus schlechter, natürlicher, schwarzer, ungefärbter Wolle bestehen. Ein kurzes Skapulier (chaperon) reichte vorn und hinten bis auf die Hüften; darüber kam ein schwarzwollener Gürtel, der mit 5 Knoten versehen war. Später erhielten sie Socken oder Sandalen. Für Priester und Laienbrüder diente bei Ausgängen ein schwarzer Mantel mit Kapuze.	75. 149.
	MINORITEN, siehe Mindere Brüder.	
	MISSIONSPRIESTER, siehe Lazaristen.	
	MÖNCHE, ALTE ORIENTALISCHE, siehe Alte orientalische Mönche.	
300	— DES HL. ANTONIUS: von deren Kleidung ist nichts gesagt; übrigens bemerkt Hélyot, der hl. Antonius habe keinen Orden gestiftet.	4. 7.
358	— DES HL. BASILIUS, die alten orientalischen:	

Gründungszeit | Nummer der Bildtafeln und Figuren

MÖNCHE (Fortsetzung).
schwarzer Talar mit weiten Ärmeln, ebensolcher Mantel mit Kapuze; Vollbart.

1595 — DES HL. BASILIUS IN POLEN: Talar, Mantel mit Kapuze schwarz; Vollbart. II. 22.

4. Jahrh. — — IN ITALIEN: ihre Kleidung ist fast gleich der der Benediktiner, nur ist ihre Kutte vorn und hinten gefaltet; sie tragen einen kleinen Bart. II. 21.

— — IN SPANIEN: Rock und Skapulier von schwarzer Serge und ziemlich weite Kapuze, die am Skapulier befestigt ist; Mönchskutte; Laienbrüder gleich den Priestern, nur fehlt ihnen die Kutte. Die Donaten trugen einen Rock mit spannbreitem Skapulier. Die Oblaten hatten ein nur 4 Spannen langes und 1 Spanne breites Skapulier, und ihr Rock ging nur bis zu den Knien.

3. Jahrh. — DES HL. CHARITON: Habit hellbraun, Kapuze und Mantel dunkelbraun, Vollbart, barfuß auf Sandalen. I. 1.

— DES HL. FERREOL, siehe Fereoliner.

— DES HL. FRUKTUOSUS, von Kleidung nichts erwähnt.

— DES HL. ISIDOR, siehe Isidor.

— VOM BERGE LIBANON: sie gehören zum Orden des hl. Antonius; Rock von brauner Serge, schwarzer Ledergürtel und darüber noch ein Rock von grobem Camlot von Ziegenhaaren, der in der Farbe dem Rauche gleicht, ohne Strümpfe und Hemden; Kappe von schwarzem Tuch.

4. Jahrh. — DES HL. MAKARIUS: Rock von blauem Tuche mit einer Kapuze und Flocke, schwarzes Skapulier, große schwarze Calotte. (Kleidung vom Jahre 1595.) Bei Wietz haben sie hellvioletten Rock, schwarzes

Gründungszeit		Nummer der Bildtafeln und Figuren
	MÖNCHE (Fortsetzung). Skapulier mit Kapuze und ebensolche Cuculla, schwarzledernes Cingulum, gelbe Schuhe, weiße Strümpfe und trugen Vollbart; auch hatten sie einen weiten schwarzen Umhang über den Schultern mit Kapuze.	8. 15.
4. Jahrh.	— DES HL. PACHOMIUS: sie hatten einen grauen Rock ohne Ärmel, Ledergürtel, ein Ziegenfell diente ihnen statt eines Mantels, bedeckte die Schultern und reichte bis zu den Waden; hellbraune Kapuze, am Rande mit roten Kreuzchen besetzt; Vollbart, barfuß auf Sandalen. An einer anderen Stelle ist gesagt, daß sie einen langen Habit trugen mit Skapulier samt Mozetta und Kapuze, alles in schwarz; wahrscheinlich war dies in einer späteren Zeit.	7. 14.
	— ALTE, IN PALÄSTINA (der alten Lauren): von ihrer Kleidung ist nichts erwähnt.	
	— DES HL. PAULUS IN THEBEN, siehe Eremiten des hl. Paulus.	
	— VON TARDON, siehe Reformierte Mönche.	
	MONTE OLIVETO, ORDEN VON: Habit und Skapulier mit einer in Falten gelegten Kapuze, darüber im Chor eine Kutte, alles von weißer Serge. Laienbrüder trugen einen weißen Rock bis an die Knie, darunter weiße Beinkleider oder Strümpfe. Auf dem Kopfe hatten sie eine kleine, den Baretten der Weltgeistlichen ähnliche Mütze von weißer Serge. Beim Ausgang trugen sie eine weite Kutte oder Kukulle und breitkrempigen, weißen Hut; der Mantel hatte weite Ärmel; Haarkranz.	66. 132.
999	MOSKOWITISCHE ODER RUSSISCHE MÖNCHE DES HL. BASILIUS; diese werden, wie auch einige andere schismatische Orden, nur der vorhandenen Bilder halber erwähnt: ehemals rot, dann schwarz gekleidet, und zwar Unterkleid, langer Mantel,	

Gründungszeit		Nummer der Bildtafeln und Figuren
	Kappe oder Schleier, der über Hals und Rücken herabhängt.	10. 20.
	NESTORIANISCHE MÖNCHE, siehe Chaldäische Mönche.	
	NORBERTINER, siehe Regulierte Prämonstratenser-Chorherren.	
1567	OBREGONER, Hospitalbrüder vom dritten Orden des hl. Franziskus: langer Rock und Mantel von grobem braunem Tuch mit einem schwarzen Ledergürtel, schwarzer Hut.	
1319	OLIVETANER, siehe Monte Oliveto.	
	ORATORIANER (Priester vom Bethause): Kleidung wie die der Weltpriester.	
	ORDEN DES HL. BASILIUS, siehe Mönche des hl. Basilius.	
1272	— VON DER BUSSE DER HL. MAGDALENA IN FRANKREICH: die Kleidung ist die der Augustiner-Barfüßer.	
	— VON FLORE IN CALABRIEN, siehe Cistercienser.	
15. Jhrh.	— III., DES HL. FRANZISKUS VON ASSISI, Congregation der Religiosen des III. Ordens in Deutschland: schwarz gekleidet.	
1444	— — — — Bußfertige Religiosen in Portugal: ihre Kleidung gleicht der der Spanier.	
15. Jhrh.	— — — — Congregation der Religiosen in Sizilien: barfuß, im übrigen wie in der Lombardei.	
1400	— — — — Congregation der Bußfertigen von der regulären Observanz in Spanien: die Kleidung besteht	

Gründungs-zeit		Nummer der Bildtafeln und Figuren
	ORDEN (Fortsetzung). aus grober, natürlich brauner Wolle, zum fünften Teil mit weiß vermischt; Religiosen von Zeppern, Begghar-den genannt; sie wurde mit der Congregation der Lombardei vereinigt; von ihrer Kleidung ist nichts weiter erwähnt.	
1287	— III., DES HL. FRANZISKUS VON ASSISI, BUSSFERTIGE RELIGIOSEN VON DER STRENGEN OBSERVANZ IN FRANKREICH: Habit, Mantel und Kapuze graubraun, Gürtel (Strick) von schwarzen Pferdehaaren, Rosenkranz, Sandalen, Vollbart.	73. 145.
1447	— — — VON DER CONGREGATION DER LOMBARDEI: Habit, Mantel und Kapuze von grauer Serge, Hut schwarz, Strick weiß, Vollbart.	73. 146.
	— DER FREIWILLIGEN ARMEN, siehe Freiwillige Arme.	
12. Jhrh.	— DES HL. GEISTES: Kleidung wie die der Doktoren und Professoren der Universität; im Hause viereckiges Birett und silbernes Kreuz mit dem Bilde des hl. Geistes in Gestalt einer Taube auf der Brust und außerdem auf der Kleidung.	
400 oder 410	ORDEN DER LERINSER MÖNCHE: sie kleideten sich nach der Art der griechischen Mönche in weite Habite mit kleinen Kapuzen.	
1201	— DER HL. MAGDALENA IN DEUTSCHLAND: Habit, Mantel und Kapuze weiß.	50. 99.
1120	— VON PULSANO: Kleidung die der Benediktiner, da er auch eine Benediktinische Kongregation bildete.	
1218	— U. L. F. VON DER GNADE: Kleidung nicht erwähnt.	
1603	— — — BARFÜSSER, auch von der Recollection genannt: Habit, Skapulier, Mantel und Kapuze weiß,	

Gründungszeit		Nummer der Bildtafeln und Figuren
	ORDEN (Fortsetzung). mit gelb und rotem Ordenswappen auf der Brust; Haarkranz, barfuß auf Sandalen.	47. 93.
	— DER VEREINIGTEN BRÜDER DES HL. GREGOR DES ERLEUCHTERS: Kleidung wie die der Dominikaner-Laienbrüder.	
1344	— DES WELTHEILANDS, auch Brigittaner: Habit, Mantel und Kapuze hellgrau, Rosenkranz; rotes Kreuz auf der linken Mantelseite.	53. 106.

PACHOMIANER, siehe Mönche des hl. Pachomius.

An dieser Stelle seien einige allgemeine Bemerkungen eingefügt, weil der hl. Pachomius, der Ältere, der Begründer des Cönobitentums ist. Die Kleidung der ersten Mönche war von der weltlichen wenig unterschieden, höchstens in der Auswahl der Stoffe, welche grob und nichts weniger als reich sein durften. Der Schnitt richtete sich meistens nach den im Morgenlande herrschenden Gewohnheiten; daher haben sich auch bis heute in den Ordenstrachten die langen und weiten Kleidungsstücke erhalten. Das Lebiton, auch Colobium (Levitonarium) stellte einen Leibrock in Form eines Sackes dar und wurde aus grauem Leinen verfertigt; die Ärmel desselben waren ganz kurz. Darüber trug man einen Gürtel, auch einen Strick, meist aber eine breite Binde, weil man sich ihrer, wie wir der Taschen, zur Aufbewahrung von kleinen Gebrauchsgegenständen bediente. Diese Binden oder Gürtel waren auch manchmal von Fellen hergestellt. Der Mantel (Palliolum) gestattete eine größere Mannigfaltigkeit bezüglich der Größe und Weite, war von dunkler Naturwollfarbe. Dann war der Pelz meist aus Schafs- oder Ziegenfellen gearbeitet und Pellis caprina oder Melotes genannt; er diente zur Bedeckung des Halses und des Rückens. Zwar waren die Felle gegerbt, aber die Haare wurden nicht entfernt. Beim Kommunionempfang wurde der Pelz abgelegt. Als Kopfbedeckung diente die Cuculla,

Gründungs-zeit | Nummer der Bildtafeln und Figuren

eine Kappe oder Kapuze. Sie wurde je nach Bedarf über den Kopf gezogen, sonst hing sie am Rücken herab; sie war manchmal so groß, daß sie auch zum Bedecken des Gesichtes verwendet werden konnte. Die Fußbekleidung bildeten die Caligae; eigentlich verstand man darunter Halbstiefeln, wie sie namentlich von den Soldaten getragen wurden; aber auch die Sandalen und Sohlen hießen Caligae. Die Sandalen wurden aber nur im Winter getragen, oder etwa bei einem größeren Marsche, sonst ging man barfuß.

PASSIONISTEN, Congregation der unbeschuhten Geistlichen vom hl. Kreuz und Leiden unseres Herrn Jesu Christi: Sandalen, schwarzer Leibrock von grobem Tuche und schwarzer Mantel, ebenfalls von grobem Tuche; letzterer reichte bis an die Knie; Ledergürtel. Auf Rock und Mantel, und zwar auf der linken Seite, war der Name Jesus Christus in weißer Schrift angebracht, darüber ein kleines weißes Herz und ein Kreuzchen.

PAULANER, siehe Minimen.

1246 PAULINER ORDEN, Pauliner Mönche: Habit mit Cingulum, Skapulier, Mantel und Hut weiß; Vollbart, Haarkranz. 3. 6.

1600 PIARISTEN, Orden der frommen Schulen, auch Arme Geistliche der Mutter Gottes: ihre Kleidung ist der der Weltpriester ähnlich, nur wurde der Rock mit drei ledernen Knöpfen geschlossen, und der Mantel reichte nur bis an die Knie. 56. 112.

PRÄMONSTRATENSER, siehe Regulierte Prämonstratenser-Chorherren.

PREDIGERORDEN, siehe Dominikaner.

1616 PRIESTER DER CHRISTLICHEN LEHRE IN FRANKREICH: Kleidung wie die der Weltgeistlichen.

Gründungszeit		Nummer der Bildtafeln und Figuren
1749	REDEMPTORISTEN, Priester der Congregation des allerheiligsten Erlösers, auch Liguorianer: Talar, Mantel und Birett schwarz, hoher weißer Halskragen, Rosenkranz am schwarzen Cingulum.	76 151. u. 152.
1557	REFORMIERTE MÖNCHE DES HL. BASILIUS, oder Mönche von Tardon: spitze Kapuze, ganz schlechter Mantel ohne Falten, Skapulier und Talar hellbraun, Kopf ganz geschoren. Schuhe grau, schwarzer Ledergürtel.	12. 24.
1195	REGULIERTE CHORHERREN DES HL. ANTONIUS: Talar, Mantel und Birett schwarz; mit blauem T auf Habit und Mantel.	4. 8.
1093	— — VON ST. ANTONIUS IN VIENNOIS, auch Hospitaliter: Habit, Mantel, Cingulum und Birett schwarz, nur weißer Stehkragen und blaues Kreuz auf der linken Seite des Habits und Mantels.	23. 46.
1133	— — DER VERBESSERUNG VON CHANCELADE: Rock, kleines, leinenes Skapulier und wollener Gürtel weiß, Mantel schwarz.	42. 84.
12. Jhrh.	— — VON MONTE CORBULO bei Siena, Italien: Habit grau, Rochett, schwarzes Birett; blaue Halsschleife.	33. 66.
1095	— — VON ST. COSMAS VON TOURS: Kleidung wie die der Weltpriester, nur über die Ärmel eine vier Finger breite, weißleinene Binde.	
13. Jhrh.	— — VON ST. DIONYS IN RHEIMS: großer Überwurf bis auf die Erde, im Winter Kappe darüber ohne Öffnung die Hände durchzustecken.	
1066	— — VOM ELIGIUSBERGE bei Arras und St. Aubert in Cambrai: violetter Talar, darüber Rochett, im Sommer schwarze Kotze über dem Arme, im Winter schwarzes Bischofsmäntelchen mit einer Kapuze, weißer Umschlagkragen, wie ihn jetzt die Re-	

Gründungszeit		Nummer der Bildtafeln und Figuren
	REGULIERTE CHORHERREN (Fortsetzung). demptoristen tragen. Die Novizen trugen den Pelzrock, welcher ehemals von allen Chorherren getragen wurde und Pelliceum hieß.	21. 41.
1380	— — FRATERHERREN, Brüder vom gemeinsamen Leben: nichts von Kleidung gesagt.	
	— — UND SPITALHERREN VOM HL. GEIST in Frankreich: Habit schwarz, Rochett, Kotze schwarz, blau gefüttert und mit schwarzem Pelzwerk ausgeschlagen, darauf weißes, zwölfspitziges Kreuz; weiße Bäffchen, schwarzes Birett.	29. 57.
	— — — DES HL. GEISTES in Italien: Talar schwarz, Rochett, himmelblauer, großer Kragen mit weißem, zwölfspitzigem Kreuz.	30. 59.
	— — — — in Polen: Talar schwarz, Rochett, himmelblauer, großer Kragen.	30. 60.
16. Jhrh.	(?) — — — — bei Venedig: Kleidung wie die lateranensischen Chorherren; dem Orden des hl. Geistes zugesellt.	
1623	— — DER FRANZÖSISCHEN CONGREGATION, auch von Ste. Geneviève: Leibrock mit breitem, umgebogenem Kragen von weißer Serge, Rochett von Leinen, weißer Mantel, im Chor schwarze Kotze im Arm.	
1433	— — WELTLICHE, DER CONGREGATION ST. GEORG von Alga in Sizilien: Habit weiß, hellblauer Mantel und ebensolches Birett; der Mantel reicht bis zu den Füßen; Rosenkranz, barfuß auf Sandalen.	40. 79.
1404	— — — DER CONGREGATION ST. GEORG von Alga in Venedig: wie die in Sizilien, jedoch beschuht.	40. 80.
12. Jhrh.	— — DES HL. GILBERT VON SEMPRINGHAM: Talar mit Cingulum schwarz, Mantel mit Kapuze weiß, mit Pelz besetzt und gefüttert; Vollbart.	29. 58.

Gründungszeit | **Nummer der Bildtafeln und Figuren**

REGULIERTE CHORHERREN (Fortsetzung).

1114 — — VOM ORDEN DES HL. GRABES IN DEUTSCHLAND: Habit, Mantel und Kragen schwarz, auf dem Mantel ein rotes Patriarchenkreuz (☨) und doppelte rote Schnüre mit Knoten und Quasten am Mantel bzw. auf dem Rochett. 23. 45.

— — — IN ENGLAND: Habit weiß, Mantel mit Kapuze und Birett schwarz, mit blaßrotem Patriarchenkreuz (☨) auf der linken Brustseite; Vollbart. 24. 48.

— — — IN POLEN: Habit und kurzer Oberrock schwarz, mit blaßrosa Patriarchenkreuz (☨) auf der linken Brustseite; Haarkranz. 24. 47.

1400 — — DER CONGREGATION VON GRÖNENDAEL (Valle verde oder Grünental) in Brabant: schlichter grauer Rock (nach Wietz schwarz), Chorhemd, Rosenkranz, hellblaue Halsschleife; beim Ausgang Mantel von Stoff und Farbe wie der Rock, Almutium (abgestutzte Kapuze oder Kappe); Haarkranz. 39. 78.

— — AUS DEM 11. JAHRHUNDERT: langer Rock, Farbe nicht vorgeschrieben, darüber das Chorhemd, eine Alba, die bis zu den Füßen reicht, ferner ein zackiger Pelzkragen von Schafwolle, Almutium genannt, und Hals, Nacken, Schultern und Oberarm bedeckend, endlich ein mit Cappa bezeichneter Mantel von schwarzer Farbe, der ursprünglich rundum geschlossen war und nur Öffnungen besaß, um die Hände durchzustecken; nach und nach wurde er aber geöffnet; in seiner Urform scheint der Mantel eine Kapuze gewesen zu sein, die allmählich so groß und lang wurde, daß sie auf der Erde nachschleppte, was veranlaßte, daß man ihr Ende auf dem Arme trug. Zunächst wurden sowohl der Mantel wie auch der Pelz immer getragen, später legte man den Mantel ab, und noch später wurde auch der Pelz nur noch auf der linken Schulter oder am linken Arme ge-

Gründungszeit		Nummer der Bildtafeln und Figuren
	REGULIERTE CHORHERREN (Fortsetzung). tragen. Auch das Chorhemd wurde allmählich stückweise gekürzt, bis es schließlich nur noch bis zu den Knien ging und den Namen Rochett bekam; die Rochetts mit offenen, fliegenden Ärmeln nannte man Superpelliceum (Überwurf, Überhang) und wurde stets getragen; als die Ärmel dieses Überhanges ganz in Fortfall kamen, nannte man es Sarocium, das immer schmäler wurde und endlich nur noch ein paar Finger breiter Streifen übrigblieb, der entweder vorn und hinten herabhing (wie heutigen Tags noch), oder wie eine Art Schärpe getragen wurde. Als Kopfbedeckung diente ein Mützchen, das rund war und auf dem Kopfe eng anschließend saß; dieses Mützchen wurde später höher, oben steif und viereckig, wie wir heute noch die Birette kennen.	17. 33.
	— — AUS DEM 12. JAHRHUNDERT: Habit und langes Chorhemd (Alba), bis zu den Füßen reichend, weiß, Mozett schwarz.	18. 35.
	— — UND HOSPITALITER ST. JAKOB DU HAUT-PAS, siehe unter Hospitaliter.	
13. Jhrh.	— — ST. JOHANN IN CHARTRES: sie kleideten sich in weißes Zeug, trugen eine Art Rochett, viereckiges, niedriges Birett und im Chor eine Kotze.	
	— — UND HOSPITALITER ZU ST. JOHANN DEM TÄUFER ZU CONVENTRY in England, siehe Hospitaliter-Chorherren von Conventry.	
15. Jhrh.	— — WELTLICHE, DER CONGREGATION ST. JOHANN EVANGELIST IN PORTUGAL, auch die guten Leute von Villar de Frades genannt: sie waren ähnlich wie die Chorherren von St. Georg in Alga gekleidet, nur hatten erstere noch ein Bischofsmäntelchen und statt des Biretts einen Hut.	
1076	— — VON ST. JOHANN VON DEN WEINBERGEN IN SOISSONS: Habit, Rochett weiß, Birett	

Gründungszeit — Nummer der Bildtafeln und Figuren

REGULIERTE CHORHERREN (Fortsetzung).

schwarz, Mozett mit Hermelin gefüttert, schwarz, Überwurf mit langen Ärmeln. 22. 43.

1140 — — IN KLOSTERNEUBURG: Kleidung weiß, im Chore einen Überwurf nach Art der Glockenkasel, eine schwarze, viereckige Kotze auf dem Kopfe.

1131 — — ZUM HL. KREUZ ZU COIMBRA in Portugal: weiß gekleidet, Überwurf von allen Seiten geschlossen und um den Hals nicht gefaltet; sie trugen Sommer und Winter ein Almutium von schwarzem Zeuge auf den Schultern; die Novizen hatten ein weißes Almutium. 27. 54.

— — DER KREUZTRÄGER in Frankreich und Deutschland, siehe Kreuzträger.

— — — in Italien: Habit, Skapulier, Kapuze und Birett himmelblau, ein silbernes Kreuz in der Hand; Vollbart. 31. 61.

1065 — — VON ST. LAURENZ VON OULX: Talar lang und schwarz, Skapulier schmal, Rochett weiß, Mozett und Birett schwarz. 20. 40.

440 — — VON ST. SALVATOR, AUCH ST. JOHANN IM LATERAN: Talar und Chorhemd weiß, letzteres reichte bis zu den Knien, Mantel und Hut schwarz; jetzt schwarzer Talar und Cingulum, darüber ein frei hängendes, weißleinenes, schmales Sarocium; im Chor langes Rochett, bei Festen violette Mozetten. 18. 36.

13. Jhrh. — — VON ST. LO IN ROUEN: Habit weiß, Chorhemd, langer violetter Mantel mit Kapuze. 41. 81.

1093 — — VON DER CONGREGATION ZU MARBACH UND ARROUAISE: weißer Leibrock, Rochett; im Chore schwarzes Almutium (Mozett) auf den Schultern, das auf den Rücken spitz herunterhing und etwas bis über den Gürtel ging; vorn wurde

Gründungszeit | Nummer der Bildtafeln und Figuren

REGULIERTE CHORHERREN (Fortsetzung).

es mit einem blauen Bande festgehalten. Bei Ausgängen waren sie schwarz gekleidet und trugen eine leinene Binde. Birett schwarz. 22. 44.

1222 — — DER ALTEN CONGREGATION DER HL. MARIA IM ADRIATISCHEN HAFEN, ferner von Cella Volano, von Mortara, von Crecenzago und von St. Frigdian von Lucca: Weißer Rock, leinenes Rochett, schwarzer Mantel und Almutium von grauer Serge. 19. 37.

1204 — — VON ST. MARKUS IN MANTUA: Habit von Serge und Kragen mit Kapuze, sowie Birett weiß, Chorhemd und grauer Pelzkragen. 35. 69.

1148 — — ZU ST. MARTIN IN EPERNAY: Kleidung nicht erwähnt.

1295 — — U. L. F. VON METRO VON DER BUSSE DER MARTYRER, auch mit dem roten Herzen oder Wasserpolaken genannt: Hauskleid: Habit, Skapulier und Birett weiß, auf der Brust ein blaßrosa Herz; Chorkleid: zu vorstehendem noch Rochett, Kragen 32. 63.
mit weißseidenem Mozett und dem blaßrosa Herzen. u. 64.

1146 — — VON ST. MORIZ IN AGAUNO: blutroter Talar, weißleinenes Rochett, rotes Mäntelchen mit Kapuze und rotes Birett; Vollbart. Brockhoff zählt zu ihnen auch die Congregationen von St. Florian, Klosterneuburg, Reichersberg, Vorau, Herzogenburg, Neustift und Altbrünn. Dieser Summation kann man indessen, wenigstens soweit es die Kleidung betrifft, nicht zustimmen, da z. B. die Klosterneuburger Chorherren, wie oben gesagt, nie blutrote, sondern weiße Kleidung trugen. 21. 42.

1170 — — DER KONGREGATION VON NUYS (Neuß) im Kölner Erzbistum: von Kleidung ist nichts erwähnt.

Gründungszeit — **Nummer der Bildtafeln und Figuren**

REGULIERTE CHORHERREN (Fortsetzung).

11. Jhrh. — — VOM LATERAN IN POLEN UND MÄHREN: Rochett weiß, weißes, enges und kurzes Sarocium, schwarzes Mäntelchen bis an die Knie, ohne Ärmel. 19. 38.

— — PORTUENSER: Weißer Talar und Rochett, schwarzer Mantel und Almutium von grauer Serge.

12. Jhrh. — — UND SPITALHERREN VON RONCEVAL in Navarra: langer Habit, Cingulum, Mantel und Hut schwarz, ganz kurzes Skapulier weiß, ein grünes F auf der linken Brustseite. 28. 56.

1039 — — VON ST. RUFUS: Habit von weißer Serge, Cingulum und Birett schwarz, ersteres einer Schärpe gleich, schwarzer Mantel, sehr gefaltetes Rochett, im Chore ein Überhang. 20. 39.

— — VON DER CONGREGATION VON ST. SALVATOR in Bologna: nichts von Kleidung erwähnt.

12. Jhrh. — — — DER SCHÜLER ZU BOLOGNA: Rock von weißem Zeuge, ebensolches Skapulier, Rochett und für Ausgänge langer, schwarzer Mantel.

1208 — — VOM SCHÜLERTAL, Diözese Langres: Habit und Skapulier von weißer Serge; Ledergürtel und Birett schwarz; im Chore Überwurf; im Winter eine Kotze von schwarzen Lämmerfellen. 41. 82.

1109 — — SCHWARZE, in England: Habit und Skapulier weiß, Rochett, langer, schwarzer Mantel mit kleiner Kapuze, Birett schwarz. 25. 49.

— — IN DEN HOSPIZEN AUF DEN SCHWEIZER GEBIRGSPÄSSEN: Großer und kleiner St. Bernhard, sowie Simplon: von ihrer Kleidung ist nichts erwähnt.

1497 — — ZU ST. SEVERIN zu Château-Landon: von deren Kleidung ist nichts erwähnt.

Gründungszeit		Nummer der Bildtafeln und Figuren
	REGULIERTE CHORHERREN (Fortsetzung).	
1493	— — VON SPRINBRUNNEN, Münster, Köln und Wesel: gekleidet wie die von Windesheim.	
1624	— — VON DER CONGREGATION UNSERES HEILANDS in Lothringen: Rock, Gürtel, Birett schwarz; Sarocium weiß, ist an der linken Seite, da es wie eine Schärpe getragen wurde, zusammengebunden; Kopf geschoren.	43. 86.
	— — AN DER DOMKIRCHE ZU PAMPELONA: Talar schwarz, Rochett; im Chore schwarzer Überwurf ohne Ärmel nebst schwarzer Kotze auf den Schultern im Sommer, im Winter große schwarze Kappe und Bischofsmäntelchen, vorn mit Rauchwerk ausgeschlagen.	28. 55.
unbek.	— — DOMHERREN ZU USEZ UND PAMIERS: Habit und Überwurf weiß; zum Ausgange schwarzer Mantel; Vollbart.	42. 83.
13. Jhrh.	— — ZU DEN BEIDEN VERLIEBTEN (Priorei): Rock weiß, Rochett und Kotze auf dem Kopfe.	
1113	— — BEI ST. VICTOR IN PARIS: Habit und Birett von weißer Serge, Chorhemd; Kragen und Mantel schwarz. Vor Zeiten trugen sie eine Mönchskrone, d. h. nur einen Haarkranz. Die Laienbrüder hatten braunen Habit, Cingulum und Kapuze und trugen einen Rosenkranz.	25. 50. 26. 51.
1388	— — VON DER CONGREGATION VON WINDESHEIM: Talar und Rochett weiß, Kragen und Birett schwarz; im Sommer Überwurf und schwarzes Almutium; im Winter schwarze Kappe und großer Kragen.	39. 77.
1582	— GEISTLICHE EINES GUTEN TODES, oder die den Kranken Dienenden: sie trugen tannenzapfenfarbiges Kreuz auf der linken Seite des Mantels, gingen aber sonst wie Weltpriester gekleidet.	

Gründungszeit		Nummer der Bildtafeln und Figuren
	REGULIERTE CHORHERREN (Fortsetzung).	
1588	— — DIE MINDEREN genannt, auch Marianer: langer schwarzer Rock und Ledergürtel, außerdem durch etwas weitere Ärmel von Weltpriestern unterschieden.	
1574	— — DER MUTTERGOTTES VON LUCCA: langes schwarzes Gewand, kurzer Mantel, ebenfalls schwarz, sowie schwarzer Hut mit breitem Rande und schwarzer Gürtel.	56. 111.
1122	— PRÄMONSTRATENSER-CHORHERREN, auch Norbertiner: Talar, Skapulier, Cingulum, Mantel und Hut weiß, im Hause umhüllt die Brust ein Capucium; im Chor Rochett und Birett weiß; im Winter großer wollener Mantel mit Capucium. Bei Festen Mozette oder Almutium (aus Hermelin), die teils um die Brust, teils über dem Arm getragen werden. Die Laienbrüder tragen einen grauen Habit mit Skapulier und ledernem Cingulum. Die Prälaten weiße Mozette. Die frühere Tracht unterscheidet sich nicht wesentlich von der jetzigen.	26. 52. 27. 53.
1233	— — VERBESSERTE, in Frankreich, Spanien, Lothringen: nichts von Kleidung erwähnt.	
unbek.	RELIGIOSEN DES HL. AMBROSIUS AD NEMUS UND DES HL. BARNABAS: Rock, Skapulier, Bischofsmäntelchen und Kapuze grau.	
	— VON DER BUSSE DER HL. MAGDALENA, siehe Orden von der Buße.	
1537	— DES GUTEN JESUS: Kleidung wie die der Weltpriester, nur runde, statt viereckiger Mütze.	
6. Jahrh.	— DES KLOSTERS TARANT an der Rhône bei Lyon: von Kleidung ist nichts erwähnt; der Ort dürfte Tarnat und nicht Tarant heißen (Hélyot II 97). Nach Hélyot V 33 wären diese weibliche Religiosen gewesen, da er ihre Kleidung als die gleiche der Klosterfrauen des hl. Cäsarius bezeichnet.	

Gründungszeit		Nummer der Bildtafeln und Figuren
	RELIGIOSEN (Fortsetzung).	
1220	— DES ORDENS VAL-DES-HOUX: Kleidung wie die der Cistercienser.	
	RITTERSCHAFT CHRISTI, siehe Dominikanerinnen.	
	RUSSISCHE MÖNCHE, siehe Moskowitische Mönche.	
1484	SABASIANER, Orden des hl. Sabas: Habit, Skapulier, Kapuze und Gürtel schwarz, Vollbart, barfuß auf Sandalen.	52. 103.
12. Jhrh.	SACKTRÄGER, BRÜDER DES ORDENS VON DER BUSSE JESU CHRISTI: Habit und Kapuze blau, Skapulier aus ungebleichter grober Sackleinewand; Vollbart, Holzsandalen.	45. 90.
1540	SAMOSCHER, RELIGIOSEN DES HL. MAJOL: Kleidung wie Weltpriester.	
1239	SERVITEN: Habit, Mantel, Kapuze schwarz, Haarkranz; letzteres ist nicht mehr der Fall; auch tragen sie jetzt breiten, schwarzen Ledergürtel und Rosenkranz, sowie in einzelnen Provinzen Vollbärte. Ursprünglich aber trugen sie härene Hemden, dürftige, graue Oberkleider, von einer eisernen Kette umgürtet.	47. 94.
1411	— Einsiedler vom Berge Senario: Habit, Skapulier, Mantel und Kapuze schwarz, Vollbart.	48. 96.
1306	— III. Orden: schwarzer, enger Rock und Ledergürtel; der Rock war vorn geschlossen.	
1247	SILVESTRINER: Habit, Mantel und Kapuze türkisblau, Haarkranz; der Schnitt der Kleidung ist der des Benediktinerordens, von dem sie ja auch eine Kongregation sind.	65. 129
8. Jahrh.	SLAVONISCHE MÖNCHE DES HL. BASILIUS in Böhmen und Polen: Habit mit Kragen und Kapuze weinrot, Schuhe grau, Haarkranz.	12. 23.

Gründungszeit		Nummer der Bildtafeln und Figuren
1532	SOMASKER oder Majoliten: einfacher, schwarzer, bis auf die Füße reichender Priesterrock.	
	SPIRITUALEN, siehe Cölestiner.	
	STERNTRÄGER, siehe Bethlehemiten.	
1662	SYRISCHE ODER JAKOBITISCHE MÖNCHE; da Nestorianer, die der Irrlehre Dioskurs anhingen, sind sie hier nur der Vollständigkeit halber erwähnt. Habit, Mantel und Kapuze schwarz; Vollbart.	6. 11.
	TARONITEN, siehe Reformierte Mönche von Tardon.	
1524	THEATINER, Regulierte, auch Kajetaner: schwarz gekleidet, weiße Strümpfe, Schnallenschuhe und schwarzer Hut, alles sonst ähnlich wie bei Weltpriestern.	54. 107.
1662	TRAPPE, LA, RELIGIOSEN ZU, Trappisten (reformierte Cistercienser): Habit, Kragen und Kapuze weiß; Schnitt wie bei den Benediktinern, denen sie auch angehören. Vollbart. Nach Brockhoff war Tunica und Skapulier von weißer Wolle und darüber kam die Flocke oder Cuculla mit großer Kapuze, ebenfalls von weißer Farbe. Über dem Skapulier wird ein schwarzlederner Gürtel getragen und bei der Arbeit abgelegt und ein engeres weißes Gewand angezogen, worüber ein schwarzes Skapulier kam, an dem sich eine kleine schwarze Kapuze befand und das über den Kopf gezogen wurde. Die Holzschuhe waren mit Stroh ausgestopft; der Gürtel bildete mit dem Skapulier ein Kreuz; ein Rosenkranz und ein Messer im Gürtel für ihre Arbeit vervollständigten ihre Gewandung.	63. 126.
1198	TRINITARIER-CHORHERREN-ORDEN ZUR AUSLÖSUNG DER GEFANGENEN, auch Mathuriner und Mercedarier genannt, in Frankreich: Man-	

Gründungs-zeit		Nummer der Bildtafeln und Figuren
	TRINITARIER-CHORHERREN-ORDEN (Forts.). tel und Kapuze von weißer Farbe, blau und rotes Kreuz auf Skapulier und Mantel. Nach Wietz hatten die französischen Trinitarier einen schwarzen Mantel, Hut schwarz, Schnallenschuhe, weiße Strümpfe. In Spanien: nach Brockhoff trugen diese braunen Mantel und Kapuze, und er sagt, daß die Trinitarier von Anfang an an einem Orte ein schwarzes Bischofsmäntelchen, an einem anderen eine schwarze Cappa und an einem dritten wieder einen großen, schwarzen Umhängemantel über dem weißen Rocke trugen. Nur an der weißen Farbe des Rockes und des blauen und roten Kreuzes auf Skapulier und Mantel wurde festgehalten. Auch sagt er, daß das bei anderen Chorherren übliche Rochett bei den Trinitariern bald verschwand.	36. 71
1576	— ALTE SPANISCHE: Wietz gibt, abweichend von Brockhoff, Habit und Skapulier weiß, blau und rotes Ordenskreuz auf der Brust, schwarzen Kragen und Hut, sowie Schnallenschuhe als deren Kleidung an.	36. 72.
1576	— VERBESSERTE, BESCHUHTE: Habit, Skapulier, Kragen mit Kapuze und Hut weiß, blau und rotes Ordenskreuz auf Skapulier und Kragen.	37. 73.
1596	— BARFÜSSIGE, in Spanien, Italien und Deutschland: Habit und Skapulier weiß, brauner Mantel und Kapuze, beides mit dem blau und roten Ordenskreuz, barfuß auf Sandalen, Haarkranz.	37. 74.
1629	— BARFÜSSER, in Frankreich: grobes wollenes Tuch auf dem bloßen Leibe, darüber einen bis etwa unter die Knie reichenden weißen Mantel. Ihr Wappenschild enthielt drei goldene Pfähle in rotem Felde mit silbernem Kreuz darüber. Ihre Kleidung bestand in Habit, Skapulier und Kapuze weiß mit blauem und rotem Kreuz auf Skapulier und Mantel; Haarkranz, barfuß auf Sandalen.	38. 76.

Gründungszeit — Nummer der Bildtafeln und Figuren

TRINITARIER-CHORHERREN-ORDEN (Forts.). — TERTIARIER: sie trugen die Abzeichen der Trinitarier unter ihren gewöhnlichen Kleidern.

VAL-DE-HOUX, Religiosen, siehe letztere.

Anfang 11. Jhrh. VALOMBROSANER-EINSIEDLER und Mönche: aschfarbige Gewänder, daher auch Graue Väter genannt. Habit, Kapuze, Kukulle; Vollbart. Dienende Brüder trugen kürzere Kleidung und eine mit Schaffell eingefaßte Mütze. Anfangs war die Farbe der Kleidung (seit 16. Jahrh.) lohfarbig bräunlich und später, nach der aschfarbigen, schwarze Gewandung. Die Farbe der Tracht ist jetzt schwarz. 61. 122.

1560 VÄTER DER CHRISTLICHEN LEHRE in Italien: Kleidung wie die der Weltpriester, abweichend davon war nur ein schmaler Überschlag am Kragen; die Laien trugen ein schwarzes Kollett.

— DES GUTEN TODES, Kamillianer: einfache, schwarze Gewänder und als Abzeichen ein lohfarbiges Kreuz auf der linken Seite des Rockes und Mantels.

— DES TODES, siehe Eremiten des hl. Paulus in Frankreich.

VEREINIGTE BRÜDER DES HL. GREGOR DES ERLEUCHTERS, siehe Orden der vereinigten Brüder.

1257 WEISSMÄNTEL oder Serven, Diener der hl. Jungfrau: Habit schwarz, Mantel und Kapuze weiß, Haarkranz. 48. 95.

1248 WILHELMITEN: Kleidung ähnlich der der Cistercienser.

B. Weibliche Orden.

Anmerkung: Die bei den Pachomianern (Männliche Orden) gemachten allgemeinen Notizen über die Kleidung treffen, sinngemäß angewandt auch auf die weiblichen Orden zu. Sie trugen dieselbe Kleidung wie die Pachomianer mit Ausnahme des Ziegenfelles.

Gründungszeit | Nummer der Bildtafeln und Figuren

ABESSINISCHE NONNEN, siehe Äthiopische Nonnen.

809 ADELIGE KLOSTERFRAUEN DES BENEDIKTINER-ORDENS IN VENEDIG: Schwarzes Kleid und Skapulier; tiefer Brustauschnitt; in der Hand ein bunter Fächer; ein gelber Schleier war unter dem Kinn gebunden; sie trugen frisiertes Haar und ein Musselinhalstuch, das aber die Brust nicht verdeckte. Im Chore bedienten sie sich einer schwarzen Kutte mit Schleppe und eines großen, schwarzen Gazeschleiers. 128. 255.

ÄGYPTISCHE NONNEN, siehe Coptische Nonnen.

360 AKÖMETISCHE ODER STUDITEN-NONNEN: Grüner Habit und Mantel, weißes Brusttuch, auf der Brust, tief herabgehend, ein großes, rotes Patriarchenkreuz (‡), gelbe Schuhe. 81. 161.

AMBROSIUS-ORDEN, siehe Nonnen vom Orden des hl. Ambrosius.

— KLOSTERFRAUEN, siehe letztere.

ANBETUNG, EWIGE, siehe Klosterfrauen von der ewigen Anbetung.

ANGELIKEN, siehe Englische Klosterfrauen.

— ITALIENISCHE, siehe Englische Klosterfrauen.

ANNUNTIATEN, LOMBARDISCHE, siehe Klosterfrauen des hl. Ambrosius.

Gründungs-zeit		Nummer der Bildtafeln und Figuren
	ANNUNTIATEN (Fortsetzung).	
	— DER HIMMLISCHEN VERKÜNDIGUNG, siehe Klosterfrauen (Genua).	
	— siehe auch Klosterfrauen des Ordens von der Verkündigung und den 10 Tugenden Mariens.	
	ARME DAMEN, siehe II. Orden des hl. Franziskus.	
5. Jahrh.	ARMENISCHE NONNEN DES HL. ANTONIUS: Sie trugen angeblich statt einer Kapuze ein blaues Tuch um den Kopf, vorn und hinten spitz und unter dem Kinn zusammengehalten; nach Landessitte blaue Beinkleider von ziemlicher Weite, die über dem Knöchel zusammengerafft waren. Der bis an die Knie reichende Leibrock war schwarz; der Mantel lichtbraun, die Schuhe gelb; ein Leibchen mit langen Ärmeln. Das Kopftuch bedeckte die Schultern bis zur Achsel, und der Mantel reichte bis zu den Fersen.	77. 153.
5. Jahrh.	ÄTHIOPISCHE ODER ABESSINISCHE NONNEN DES HL. ANTONIUS: sie trugen angeblich ein halsfreies Kleid von gelbem Leder oder Baumwollenzeug, dessen Ärmel nur bis zu den Ellenbogen reichten; sie hatten weder Kapuze noch Mantel oder Flocke. Einige glauben, daß dies die Novizenkleidung gewesen sei und daß sie nach Ablegung der Gelübde Schleier und Mantel erhielten; andere dagegen meinen, daß Schleier und Mantel zu tragen nur den Alten erlaubt gewesen sei.	78. 155.
	AUGUSTIN, DIE ERSTEN KLOSTERFRAUEN des hl. Augustin, siehe Klosterfrauen.	
	— EREMITEN-NONNEN des hl. Augustin, siehe Eremitennonnen.	
	— SCHWESTERN VOM III. ORDEN des hl. Augustin, siehe Schwestern.	
	— HOSPITALITERINNEN VOM HL. THOMAS	

Gründungszeit | Nummer der Bildtafeln und Figuren

AUGUSTIN (Fortsetzung).

VON VILLENEUVE vom III. Orden des hl. Augustin, siehe Hospitaliterinnen.

— REGULIERTE CHORFRAUEN VOM LATERAN, siehe Regulierte Chorfrauen.

AUGUSTINERINNEN, BESCHUHTE: Habit weiß, Skapulier, Mantel und Schleier schwarz, Brusttuch weiß, schwarze Schuhe. 87. 174.

— VON DER EWIGEN ANBETUNG, siehe Klosterfrauen.

1424 — VON CHAMPEAU zu Dornick in Flandern: Kleid, Skapulier und Weihel violett, Brusttuch weiß; unter dem violetten Weihel ein weißer. 86. 171.

— VON DER CHRISTLICHEN LIEBE, siehe Klosterfrauen.

1326 — ZU DORTRECHT in Südholland: weiße Kleidung, auch weißes Skapulier statt Vortuch (Brusttuch oder Wimpel), getollter (und gefältelter) Kragen (Halskrause).

1065 — ZU ELDAS, LEMGO, HERFORD UND DETMOLD in Sachsen: graue Kleidung, näheres ist nicht gesagt.

— VOM FLEISCHGEWORDENEN WORTE, siehe Klosterfrauen.

1545 — ZU DEN VIER GEKRÖNTEN in Rom: nichts von Kleidung erwähnt.

1544 — ZU ST. KATHARINA der Seiler zu Rom: Habit und Skapulier weiß, Weihel schwarz, weiß gefüttert, weiße Schuhe. 115. 229.

— ZU ST. MARIA MAGDALENA und St. Maria der Ägypterin in Neapel: von ihnen ist nur gesagt, daß sie den Strick des hl. Franziskus trugen.

Gründungs-zeit		Nummer der Bildtafeln und Figuren
	AUGUSTINERINNEN (Fortsetzung).	
	— VON ST. MARTHA UND MARIA, siehe Augustiner-Nonnen.	
	— IN NOLA, siehe Augustiner-Klosterfrauen.	
	— U. L. F. VON DER BARMHERZIGKEIT, siehe Klosterfrauen.	
	— UNBESCHUHTE, siehe unter Unbeschuhte Augustinerinnen.	
	— VON VENDANO in Mailand, siehe Augustiner-Nonnen.	
1177	— ZU VENEDIG (Gentiles Donnes, Adelige Fräulein): Kleid, Mantel, Schleier und Schuhe weiß; der Schleier bedeckte auch das Gesicht; das Kleid ließ den Hals frei.	86. 172.
11. Jhrh.	— KLOSTERFRAUEN DER STADT NOLA: graues Kleid, weißer Strick und hölzerne Sandalen.	
1561	— NONNEN VON ST. MARTHA UND VON ST. MARIA DER JUNGFRAU in Rom: von Kleidung ist nichts erwähnt.	
	— — VON DER RECOLLECTION, siehe Unbeschuhte Augustinerinnen III. Klasse.	
11. Jhrh.	— — ZU VENDANO IN MAILAND: Kleidung wie die der Clarissinnen.	
	— TERTIARIERINNEN: unter den weltlichen Kleidern trugen sie ein kleines, schwarzes Skapulier und einen fingerbreiten Ledergürtel als Charakteristikum der Augustiner.	
	AURELIAN, siehe Klosterfrauen des hl. Aurelian.	
	BARMHERZIGE SCHWESTERN (auch Elisabethinerinnen), siehe Klosterfrauen vom III. Orden des hl. Franziskus mit Klausur.	

Gründungszeit		Nummer der Bildtafeln und Figuren
	BASILIUS, Nonnen des hl., siehe Nonnen des hl. Basilius.	
	— Klosterfrauen vom Orden des hl. Basilius, siehe Klosterfrauen.	
1170	BEGUINEN (Beghinen) in den Niederlanden: Vor Zeiten gingen sie verschieden gekleidet, einige grau, andere dunkelgrün, wieder andere himmelblau; seit 1756 aber alle schwarz. Sie trugen ein schwarzes Barett, einem chinesischen Dacherl ähnlich, mit einem seidenen Büschel darauf, einem schwarzen Mantel, der auch den Kopf bedeckte und bis zu den Fersen hinunterging. Die Beguinen zu Amsterdam nahmen nur einen schwarzen Schleier zu Ausgängen; außerdem schwarzer Rock und weißes Brusttuch, Nach Wietz schwarzer Rock, weißes Brusttuch, langer, schwarzer Mantel; bei Ausgängen rundes, plattes, schwarzes Birett.	
	BEKEHRTE, siehe Büßende Nonnen zu Orvieto.	
	— zu Rom und Sevilla, siehe Klosterfrauen der hl. Magdalena.	
	BEMANTELTE, siehe Dominikanerinnen.	
1102	BENEDIKTINERINNEN, ADELIGE STIFTSDAMEN VON BOURBURG: eng am Oberkörper anliegendes, schwarzes Kleid mit Ärmeln, unten breit mit Hermelin oder anderem, feinen Pelzwerk verbrämt und mit weißen Aufschlägen, darüber schwarzer, baumwollener, stark gefältelter Überwurf, hutartiges Kopfzeug; unter dem schwarzen Überwurf trugen sie noch einen weißleinenen, der einen Fuß weiter als der schwarze herabhing und bis an die Pelzverbrämung reichte. Schwarzer, mit feinem Pelzwerk gefütterter Mantel.	126. 252.
	— ADELIGE VON BYGHARD, siehe Klosterfrauen, adelige, der Abtei Grand Bigard.	

Gründungszeit | Nummer der Bildtafeln und Figuren

BENEDIKTINERINNEN (Fortsetzung).

— ADELIGE VON VENEDIG, siehe Adelige Klosterfrauen des Benediktinerordens in Venedig.

— ALT-LERINSER: schwarzer Rock, Skapulier, Weihel, Mantel weiß. Kopftuch und Wimpel weiß, Schleier schwarz.

1653 — VON DER EWIGEN ANBETUNG zu Paris: Obergewand, Skapulier, Schleier, weißer Wimpel, Chorrobe schwarz. Auf dem Skapulier und auf dem Chorgewande trugen sie auf der Brust die vergoldete Abbildung einer strahlenden Hostie mit der Inschrift: Gelobt und gebenedeit sei das allerheiligste Sakrament von nun an bis in Ewigkeit; auch in dem Ringe, den jede Schwester bei der Gelübdeablegung erhielt, waren diese Worte eingraviert.

1661 — — zu Valdosne (Voldose?): Kleidung usw. wie diejenige der Pariser Schwestern.

1617 — U. L. F. VON CALVARIA: Rock braun, Weihel, Skapulier und Mantel schwarz; erwähnenswert ist noch, daß sie vom Mai bis zum Feste Kreuzerhöhung barfuß gingen. 129. 258.

— VON EBRALDSBRUNN, siehe Klosterfrauen von Ebraldsbrunn.

— VON ESTRUN, siehe Klosterfräulein der Abtei Estrun.

— VOM JUNGFRAUBERG, siehe Klosterfrauen von Monte vergine.

— VON MASMÜNSTER, siehe Klosterfrauen von Masmünster.

— DER ABTEI MESSINE, siehe Klosterfräulein der Abtei Messine.

1515 — VON MONTE OLIVETO: Kleid, Skapulier und

Gründungs-zeit		Nummer der Bildtafeln und Figuren
	BENEDIKTINERINNEN (Fortsetzung). Wimpel weiß, Schleier schwarz, weiß gefüttert; im Chore weiße Kutte.	125. 250.
1546	— U. L. F.: Kleid, Mantel, Schleier schwarz, Wimpel weiß, Weihel (Stirnbinde) weiß mit einem schwarzen Querstreifen auf der Stirne.	129. 257.
1028	— U. L. F. VON RANCERAY zu Angers: Wenn diese Fräulein das Ordenskleid nahmen, so waren sie weiß gekleidet; sie hatten einen Überwurf, und man setzte ihnen einen Blumenkranz auf das Haupt; wenn sie aber Profeß abgelegt hatten, bestand ihre Kleidung aus einem schwarzen Kleide mit großen Ärmeln und einer Schleppe, die sie nachschleifen ließen, wenn sie zur hl. Kommunion gingen. An hohen Festtagen waren die großen Ärmel mit weißem Leinen gefüttert, das gefältelt war und ihnen das Aussehen von Chorfrauen gab. Diese Tracht war eine Extravaganz.	
	— VERBESSERTE (nach der ersten Verbesserung): Kleid mit weiten Ärmeln, Skapulier und Weihel schwarz, Brusttuch und Wimpel weiß; im Chore weite schwarze Kutte.	119. 238.
Ende d. 16. Jhrh.	— VERBESSERTE, VON MONTMARTRE: sie erhielten 1610 die Erlaubnis, die schwarze Kleidung der übrigen verbesserten Benediktinerinnen zu tragen.	
1603	— VERBESSERTE, U. L. F. VOM FRIEDEN: Kleid und Skapulier schwarz, weißes Vortuch, schwarzer Weihel, weiß gefüttert, lederner oder Tuchrandgürtel, schwarze Kutte.	128. 256.
1596	— VERBESESRTE, U. L. F. VON ST. PAUL BEI BEAUVAIS: schwarzes Kleid, Skapulier und Weihel wie die übrigen Benediktinerinnen.	

Gründungszeit | Nummer der Bildtafeln und Figuren

BENEDIKTINERINNEN (Fortsetzung).

1618 — VERBESSERTE, VON VAL DE GRACE: von ihrer Kleidung ist nichts erwähnt.

Im allgemeinen ist von den Benediktinerinnen noch zu bemerken, daß in vielen Ordenshäusern Milderungen in der Kleidung herrschten, ja daß solche Verweltlichungen, namentlich in Frankreich und Italien, vor allem aber in Venedig, einrissen (conf. Artikel „Adelige Klosterfrauen des Benediktinerordens in Venedig“), daß von Klosterfrauen nicht mehr die Rede sein konnte, denn sowohl Stoffe, als Schnitt waren für solche durchaus ungeeignet, ja, was namentlich den Schnitt anlangte, so überstieg derselbe selbst die Grenzen der Ehrbarkeit nicht unbeträchtlich. Kann man sich eine Ordensfrau denken in mit Hermelin ausgestattetem Kleide, mit Mieder und Ausstattungen der Kleider, deren sich eine Modedame nicht hätte zu schämen brauchen? Auf eine züchtige Verhüllung des Leibes, wie es sich für eine Klosterfrau doch ganz von selbst versteht, wurde keinerlei Rücksicht genommen. Kokette Kopfbedeckungen ersann weibliche Gefallsucht, Fächer dienten den Händen als Spielzeug usw. Wahrlich, diese Ordenstracht war das gerade Gegenteil von dem, was man von Töchtern des hl. Benedikt hätte erwarten dürfen. Heilige sind aus solchen Benediktinerinnen sicher nicht hervorgegangen. Besser schon, aber immer noch dem klösterlichen Geiste zuwider, war die Chorkleidung im 18. Jahrhundert in Deutschland. Angeblich ein schwarzes, bis auf die Füße reichendes Kleid, darüber ein gefälteltes Rochett von feinem, weißem Leinen mit weiten Ärmeln und Spitzenmanschetten, eine zierliche Halskrause, auf dem Haupte ein hübsches Häubchen, unter dem Kinn gebunden, und über diesem Ganzen ein großer, schwarzer Schleier, der in einer langen Schleppe endete — das war die Chorkleidung von Benediktinerinnen! Abge-

Gründungs-zeit | Nummer der Bildtafeln und Figuren

sehen von etwaigen Mißbräuchen örtlicher Art, handelt es sich bei diesen Extravaganzen meist nicht um Benediktinerinnen, sondern um Stiftsdamen — Stiftsfräulein — Stiftsfrauen, aus denen sich dann weltliche Fräuleinstifte und ähnliche Häuser mit einer Art von klösterlicher Lebensweise entwickelten, die zur Unterbringung namentlich von nachgeborenen Töchtern dienten. Diese gehörten dann aber nicht mehr zu den Religiosen, Nonnen oder Klosterfrauen.

1622 BERNHARDINERINNEN, KLOSTERFRAUEN VON DER ABTEI TART, vor der Verbesserung: Gesticktes, weißes Unterkleid von feinsten und kostbarsten Stoffen, darüber weißes Seidenkleid, tief ausgeschnitten in Herzform, schwarzes Skapulier, das aber erst auf der Brust unterhalb des Kleiderausschnittes begann und bis zu den Füßen reichte, den Namen Skapulier aber nicht verdiente. Schleier schwarz, weiße Schuhe; das Haar war sorgfältig friesiert. Nach der Verbesserung kleideten sie sich wie die übrigen Bernhardinerinnen. 123. 245.

— VERBESSERTE, VOM TEUREN BLUTE: weißer Rock unter ihrem von grobem, weißem Zeuge, wie ein Sack gemachten Oberrock, Skapulier schwarz, Kutte.

1622 — — VON DER CONGREGATION VON DER GÖTTLICHEN VORSEHUNG UND ST. BERNHARD in Frankreich und Savoyen: Habit, Brusttuch und Gürtel weiß, Weihel schwarz, ein Kreuz in der Hand, Rosenkranz. 122. 244.

BESCHUHTE CARMELITINNEN, siehe Carmelitinnen, beschuhte.

BETHLEHEMITEN, siehe Hospitaliterinnen vom Orden der Bethlehemiten.

BIRGITTA, KLOSTERFRAUEN DER HL. JUNGFRAU BRIGITTA, siehe Klosterfrauen.

Gründungszeit		Nummer der Bildtafeln und Figuren
	BIRGITTA (Fortsetzung). — VON DER RECOLLECTION, Klosterfrauen der hl., siehe Klosterfrauen.	
1344	BIRGITINERINNEN ODER KLOSTERFRAUEN VOM ORDEN DES WELTHEILANDS: Hauskleid: Kleid von grauem Bireu, weißes Vortuch, das auch die Stirn bedeckte und die Wangen umgab, darüber schwarzleinener Weihel, und über diesem eine Art weißleinene Krone, auf der 5 rote Flecken (quasi Blutstropfen) sich befanden. Im Mantel: Mantel grau, und auch der Weihel dunkelgrau.	107. 213. u. 214.
	BUSSE DER HL. MAGDALENA IN DEUTSCHLAND, auch Magdelonetten, siehe Klosterfrauen von der Buße.	
	— — IN FRANKREICH, auch Magdelonetten, siehe Klosterfrauen von der Buße.	
1662	BÜSSENDE NONNEN ODER BEKEHRTE ZU ORVIETO in Italien: Habit und Skapulier braun, Brusttuch, Wimpel und Mantel weiß, Weihel schwarz, weiß gefüttert, Holzsandalen.	84. 168.
	BUSSSCHWESTERN DES III. ORDENS DES HL. FRANZISKUS, RECOLLECTEN genannt: Kleid und Skapulier braun, Kopf- und Brustbinde weiß, Schleier (bis auf die Hälfte der Arme) schwarz, auf der Stirn eine Schneppe bildend; Strick weiß, Rosenkranz; auf der Brust die Leidenswerkzeuge des Heilands, barfuß.	137. 273.
1608	— VON DER STRENGEN OBSERVANZ DES HL. FRANZISKUS: Habit, Skapulier und Mantel lichtbraun; Schleier 5 Fuß lang und 4 Fuß breit, schwarz, Wimpel, Gürtel und Brusttuch weiß, barfuß auf Sandalen.	137. 274.

Gründungszeit		Nummer der Bildtafeln und Figuren
	CAMALDULENSERINNEN, siehe unter K.	
798	CANONISSINNEN, siehe unter K.	
	CAPUZINERINNEN, siehe unter K.	
etwa 1452	CARMELITINNEN, von der alten Observanz: brauner Habit, Skapulier; Cingulum von Leder, weißes Brusttuch, schwarzer Schleier, braun und weiß gestreifter (später weißer) Mantel, Schuhe schwarz.	81. 162.
1462	— BESCHUHTE, ursprünglich: lohbrauner Habit und Skapulier, schwarzes, ledernes Cingulum, weißer Weihel, Schuhe; Choranzug weißtuchener Mantel und über dem weißen noch ein schwarzer Weihel.	82. 163.
	— — in Frankreich: Habit und Skapulier braun, Mantel angeblich innen mit Hermelin besetzt, Brusttuch weiß, Schleier schwarz, goldenes Kreuz, Rosenkranz, weiße Schuhe.	82. 164.
1562	— UNBESCHUHTE, Chorkleid: Habit und Skapulier braun, Mantel weiß, Weihel schwarz; sie gingen auf Pantoffeln von Bast.	83. 166.
	— — Hauskleid: dieselbe Kleidung wie die vorige, nur fällt der Weihel und weiße Mantel weg.	83. 165.
	— Schwestern vom III. Orden der, siehe Schwestern.	
1116	CARTHÄUSERINNEN: Einsegnungsschmuck: Habit, Mantel und Brusttuch weiß, schwarzer Weihel, blaue Stola und ebensolches Manipel, eine brennende Kerze in der Hand und eine 5zackige Krone auf dem Haupte. Dieser sogenannte Einsegnungsschmuck dürfte, wenn er historisch erwiesen ist, nur mißbräuchlich vorgekommen sein.	139. 277.
	Hauskleid: Rock von weißem Tuch, ebenso das Skapulier, Brusttuch weiß, Schleier schwarz, weiß gefüttert, schwarze Schuhe, weißer Tuchmantel. Vom	

Gründungszeit | Nummer der Bildtafeln und Figuren

Skapulier ist zu bemerken, daß ebenso wie bei den Carthäusermönchen das Vorder- und Rückenteil durch breite Streifen miteinander verbunden waren. 140. 279.

CÄSARIUS-NONNEN, siehe Nonnen des hl. Cäsarius.

unbek. ÇELLITINNEN oder Cölestinen, gewöhnlich aber schwarze Schwestern genannt: Habit, Skapulier und Mantel mit Kapuze, sowie Schleier schwarz, Kopftuch und Wimpel weiß, beschuht. 105. 209 u. 210.

CHALDÄISCHE ODER NESTORIANISCHE NONNEN: Kleidung wie die der gleichnamigen Mönche, nur statt des Turbans ein Weihel.

CHORFRAUEN VOM ORDEN DES HL. GRABES, siehe Regulierte Chorfrauen.

— VON HOMBURG, siehe Kanonissinnen.

— VOM LATERAN, siehe Regulierte Chorfrauen.

1355 — ZU NOLA im Genuesischen: Rock grau, Schleier schwarz, Überwurf, Wimpel und Gürtel weiß, barfuß auf Holzsandalen; die Laienschwestern trugen keinen Überwurf. 139. 278.

— DES PRÄMONSTRATENSERORDENS, siehe Regulierte Chorfrauen.

— VON DER ALTEN CONGREGATION VON ST. VICTOR, siehe Regulierte Chorfrauen.

— VON DER CONGREGATION U. L. F., siehe Klosterfrauen.

12. Jhrh. — WELTLICHE, ZU ANDENNE: angeblich weißer Überwurf und langer, schwarzer, mit Hermelin ausgeschlagener Mantel.

12. Jhrh. — — VOM MÜNSTER UND BELISE: nichts weiter

Gründungszeit | Nummer der Bildtafeln und Figuren

CHORFRAUEN, WELTLICHE (Fortsetzung).

gesagt, als daß ihre Kleidung schwarz war und sie einen Weihel trugen.

12. Jhrh. — — DER ABTEI DENIS: ihre Kleidung entsprach derjenigen der weltlichen Chorfrauen von Nivelle.

— — ZU MONS: im zweiten Jahre des Noviziates: weißes Kleid mit feinem Pelzwerk breit verbrämt, weißer Überwurf, über den auf beiden Seiten schwarze, verschlungene Schnüre herabhingen, weiße Stirnbinde und ebensolches Häubchen, von dem ein schwarzer Schleier unten herabhing, schwarzer, mit feinem Pelzwerk gefütterter Schleppmantel, weißes Halstuch. Das Kleid lag am Oberkörper knapp an, dessen Ärmel nur bis an die Ellbogen gingen. Anstatt des weißen Halstuches nennen andere ein schwarzes, über dem sich eine doppelte Halskrause befand; sie waren sorgfältig frisiert und trugen lange, weiße Handschuhe 132. 263.

809 — — VON NIVELLE: das Haar frisiert, schwarze, weiß gefütterte Haube mit einer Schneppe auf der Stirn, weißes Kleid, schwarzer, mit Hermelin gefütterter Schleppmantel, an der Haube war ein Brustlatz befestigt, der fächerartig sich ausbreitete; weiße Schuhe. 131 261.

1515 — — VON REMIREMONT: solange sie Klosterfrauen hießen, trugen sie ein weißgraues Kleid, ungegürtet, Wimpel und Weihel weiß, einen Schleppmantel mit feinem Pelzwerk gefüttert; später kleideten sie sich weltlich, und zwar trugen sie ein hellbraunes Kleid mit weißem Gürtel, die Ärmel nur bis zum Ellenbogen und mit Rüschen ausgelegt, ein weißes Kopftuch lose und den Hals freilassend geknüpft; auf dem Haupte über dem Haar einen Kopfputz von weißen Rüschen und darüber einen hellgrauen Schleier, sowie einen schwarzen, mit Her-

Gründungszeit | Nummer der Bildtafeln und Figuren

melin gefütterten Mantel. Nach anderer Leseart war ihr Kleid nach ihrer Verweltlichung von silbergrauer Farbe. 130. 259.

1120 CISTERCIENSERINNEN, CISTERCIENSERORDENS-KLOSTERFRAUEN: Rock weiß, Skapulier, Gürtel und Weihel schwarz, Vortuch weiß, im Chore weiße Kutte. 121. 242.

— — IN PORTROYAL: Habit, Skapulier, Mantel und Brusttuch weiß, Schleier schwarz, auf der Brust (Skapulier) ein rotes Kreuz. 122. 243.

1425 — VON DER OBSERVANZ in Spanien: alles wie die übrigen Cistercienser-Klosterfrauen, nur weißwollener Gürtel.

1599 — VERBESSERTE, IN SPANIEN, Recollectinnen genannt: alles wie die Cistercienser-Klosterfrauen, nur war der Habit von ganz grobem Stoffe.

1627 — — IN PORTUGAL: Rock weiß, Weihel schwarz, Wimpel eine Art Haube, die über die Schultern reicht und vorn offen ist; weiße Schuhe. 121. 241.

CLARA, Klosterfrauen der hl., siehe Klosterfrauen.

CLARISSINNEN, siehe II. Orden des hl. Franziskus.

— VON DER DEMUT, auch Urbanistinnen, siehe Klosterfrauen.

1631 — VON DER STRENGEN OBSERVANZ: Habit, Skapulier und Mantel grau, Wimpel und Gürtel weiß, Weihel schwarz, weiß gefüttert, schwarzer Rosenkranz auf der Brust, Sandalen. 134. 268.
Früheres Hauskleid der Clarissinnen: Habit und Schleier schwarz, Strick und Brusttuch weiß, barfuß auf Sandalen. 133. 266.

— Töchter vom Leiden, siehe Kapuzinerinnen.

Gründungs-zeit | Nummer der Bildtafeln und Figuren

CÖLESTINEN, siehe Cellitinnen.

CONGREGATION VON DER HL. BRIGIDA, Kanonissinnen vom hl. Geiste, auch Filles de Dieu = Gottestöchter genannt: Bei der Krankenpflege weißleinener Überwurf zur Schonung ihrer schwarzen Kleidung. Später wurde aus dem Überwurf ein reguläres Rochett, und an Stelle des schwarzen Kleides trat ein weißes. Zu ihnen gehören auch die GOTTESTÖCHTER von Paris, Rouen und Orléans, sowie verschiedene andere, die separat behandelt werden.

— U. L. F., Klosterfrauen, Chorfrauen, auch Kanonissinnen, siehe Klosterfrauen.

— DE NOTRE DAME: Kleid von schwarzer Serge, am Gürtel nicht durchschnitten und ohne Faltenwurf oder sonstige Anhängsel, sondern ganz einfach und schlicht gearbeitet. Ein weißes Stirnband bedeckte Stirn und Haar; ein weißleinener Brustschleier bedeckte Hals, Schultern und Brust; auch den Kopf verhüllte ein weißer Schleier, den ein anderer von schwarzem Stoff überdeckte und sich bis auf die Augen herabsenkte; letzterer war auf dem Rücken etwas länger. Für den Chordienst wurde ein schwarzer Sergemantel benützt. Novizen trugen dieselbe Kleidung, nur hatten sie lediglich einen weißen Schleier; Laienschwestern dagegen trugen schwarzes Kleid (Tunika) mit Ärmeln und weißen Schleier.

5. Jahrh. COPTISCHE ODER ÄGYPTISCHE NONNEN des hl. Antonius: angeblich dunkelblaue Pluderhosen, am Knöchel zusammengehalten, rotbraunes Kleid, das durch einen schwarzen Gürtel um den Leib zusammengehalten wurde; den Hals ließ das Kleid frei. Über all dem ein Schaffell, das bis zu den Hüften ging; tellerförmige Mütze, spitz zulaufend, blau und weiß gestreift, Schleier ebenfalls blau und weiß gestreift, der bis über die Schultern reichte; gelbe Schuhe. 78. 156.

Gründungs-zeit		Nummer der Bildtafeln und Figuren
	CORPUS CHRISTI, Orden von, siehe Klosterfrauen.	
	DAMEN, ARME, siehe II. Orden des hl. Franziskus.	
	DAMES DU SACRÉ COEUR: Schwarzes Gewand und schwarze Haube mit einer weißen Krause, schwarzer Schleier.	
	DAMIANITINNEN, siehe II. Orden des hl. Franziskus.	
1207	DOMINIKANERINNEN: Rock oder Tunika bis auf die Knöchel reichend und das Skapulier bis über die Knie.	
1285	— II. UND III. ORDEN: Die Tracht der Dominikanerinnen richtete sich nach der ihrer männlichen Ordensgenossen. Die Tertiarier „RITTERSCHAFT CHRISTI“ geheißen, trugen schwarze und weiße Kleidung, der Schnitt war gleichgültig, aber als Abzeichen trugen sie ein schwarz und weiß gespaltetes Lilienkreuz. Eine ähnliche Kleidung trugen die „SCHWESTERN VON DER BUSSE“ (Tertiarierinnen), wie die Dominikaner; wegen des langen schwarzen, wollenen Mantels, in den sie sich hüllten, nannte man sie auch die „BEMANTELTEN (MANTELLATAE)“. Die im letzten Drittel des 17. Jahrhunderts gestifteten Tertiarierinnen „VOM LEIBE DES HERRN“ oder vom „FRONLEICHNAM“, die nicht zu verwechseln sind mit den Klosterfrauen vom hl. Sakrament, trugen Hemden von Serge; von ihrer anderen Kleidung ist nichts erwähnt.	
	Vom Jahre 1218 trugen die Dominikanerinnen weißen Rock, Skapulier und Vortuch, schwarzen Mantel, schwarzen Weihel, weiß gefüttert, graue Strümpfe und Holzsandalen.	99. 197.
	Vom Jahre 1208: Habit und Skapulier weiß, Mantel braun, Weihel schwarz, weiß gefüttert, weiße Strümpfe und Holzsandalen.	99. 198.

Gründungszeit		Nummer der Bildtafeln und Figuren
	DOMINIKANERINNEN (Fortsetzung).	
	— UNREGULIERTE, von St. Bartholomäus in Aix von 1708: weißes Kleid mit Rüsche, hinten gerafft, Ärmel etwas über den Ellbogen gehend, Hals frei; als Kopfbedeckung trugen sie eine Art Haube mit Rüschen und statt des Weihels ein kleines Stück schwarzer Gaze, das am Rücken herabhing; Skapulier, schwarze Schuhe.	100. 199.
	— — von Montfleury: Kleid, Skapulier und Brusttuch weiß, eine weiße Stirnbinde mit einer Schneppe auf der Stirn, Kopfschleier weiß; schwarzer mit Hermelin verbrämter Pelz, vorn offen, schwarze Schuhe.	100. 200.
	DONAT, siehe Nonnen des hl. Donat.	
	DREIEINIGKEIT, III. Orden der hl., siehe Trinitarierinnen.	
	EBRALDSBRUNNER-Klosterfrauen, siehe Klosterfrauen.	
1676	EINSIEDLERINNEN ODER EINSIEDLER-CLARISSEN VON DER VERBESSERUNG DES HL. PETRUS VON ALKANTARA: Habit und Mantel graubraun, Schleier dunkelgrau, Brusttuch, Wimpel und Strick weiß; barfuß auf Sandalen.	134. 267.
	ELIGIUS, Nonnen des hl., siehe Nonnen.	
	ELISABETHERINNEN, siehe Klosterfrauen vom III. Orden des hl. Franziskus.	
1609	ENGLISCHE FRÄULEIN: Kleid und Seidenschleier schwarz; Häubchen mit einer Art von Mozetta von feiner weißer Leinwand, das bis an die Achseln geht und vom Halse abwärts bis auf die Brust mit schmalen, weißen Bändchen in Mascherln gebunden ist; zum Ausgang angeblich schwarzseidener Mantel.	111. 222.
1534	— KLOSTERFRAUEN in Italien oder Angeliken: weiß gekleidet, schwarzer Weihel, weiße Schuhe und	

Gründungszeit | | Nummer der Bildtafeln und Figuren

ein hölzernes Kreuz auf der Brust. Um den Hals trugen sie einen weißen, bis auf die Knie herabhängenden, daumendicken, weißen Strick, vorn geknotet, und einen Ring mit einem Herzen am Finger, worauf das Bild des Gekreuzigten eingraviert war. Bei feierlichen Anlässen trugen sie auch eine Dornenkrone auf dem Haupte. Schwarzer Mantel. 110. 220.

5. Jahrh. EREMITENNONNEN DES HL. AUGUSTIN: Ihre Bekleidung wird sehr verschieden angegeben. Die einen sagen sie waren ganz schwarz gekleidet mit einem ledernen Cingulum; andere meinen nur Rock und Weihel waren schwarz, unter letzterem befand sich ein weißer, und ein weißes Brusttuch, schwarzledernes Cingulum. Wieder andere berichten, daß sie in Neapel den Strick des hl. Franziskus trugen, in Mailand die Tracht der hl. Clara hatten, in Sachsen grau, zu Dornick anfangs schwarz, dann violett, in Rom weiß gekleidet waren, mit schwarzem Skapulier und im Winter noch einen schwarzen Rock hatten. 85. 170.

EWIGE ANBETUNG, Orden der, siehe Benediktinerinnen.

1586 FEUILLANTINNEN (Fulienserinnen): Langer, weiter, weißer Rock mit weiten Ärmeln, weißes Kopftuch und weiße Schuhe, schwarzer Weihel.

FRANZISKA, OBLATEN DER HL., siehe Oblaten.

FRAUEN VOM GUTEN HIRTEN, Congregation U. L. F. von der Liebe des guten Hirten: weißes Ordenskleid, silbernes Brustkreuz mit dem Bilde der hl. Jungfrau und dem Jesukinde zwischen einem Lilien- und einem Rosenzweige; schwarzer Schleier, weißer Gürtel.

— GEISTLICHE, des königlichen Hauses St. Cyr, siehe Geistliche Frauen.

Gründungszeit | Nummer der Bildtafeln und Figuren

FRONLEICHNAM, Vom, Tertiarierinnen, siehe Dominikanerinnen.

FRUKTUOSUS, siehe Klosterfrauen des hl. Fruktuosus.

FULIENSERINNEN, siehe Feuillantinnen.

GEDEMÜTIGTEN, Orden der, siehe Klosterfrauen.

GEIST, Hospitaliterinnen vom hl., siehe Hospitaliterinnen.

1686 GEISTLICHE FRAUEN DES KÖNIGLICHEN HAUSES ST. LUDWIG von St. Cyr bei Versailles, vor 1707: angeblich Kleid von Etamin, Schleppmantel, Schleier und Handschuhe schwarz; auf der Brust ein goldenes Kreuz, ein schwarzes Taffethalstuch, schwarzgewirkter Gürtel und 2 Rosenkränze. 119. 237.

GERVASIUS, Klosterfrauen des Spitals St., siehe Klosterfrauen.

GESELLSCHAFT DES GUTEN JESUS, siehe Schwestern.

GILBERT, GILBERTINERINNEN, Klosterfrauen des hl. Gilbert, siehe Klosterfrauen.

GOTTESTÖCHTER zu Paris und Rouen, siehe Klosterfrauen, sowie auch Congregation von der hl. Brigida.

GRABES, Regulierte Chorfrauen des hl., siehe Regulierte Chorfrauen.

GRAUE SCHWESTERN, siehe Hospitaliterinnen des hl. Franziskus.

GUASTALLINNEN, siehe Schwestern von der Congregation der Guastallinnen.

Gründungszeit		Nummer der Bildtafeln und Figuren
	GUTEN HIRTEN, Frauen vom, siehe Frauen vom guten Hirten.	
	HAUDRIETEN, siehe Klosterfrauen von Maria Himmelfahrt.	
	HIERONYMITANERINNEN in Spanien, siehe Klosterfrauen.	
	HIERONYMUS, Jesuatinnen, siehe letztere.	
	— Klosterfrauen des hl., siehe Klosterfrauen.	
	HILARION, Nonnen des hl., siehe Nonnen.	
1158	HOSPITALITERINNEN VON ABBEVILLE: Kleidung gleich denen von Beauvais.	
1248	— VON ST. ANDREAS zu Dornick in Flandern: sie kleideten sich von 1611 an violett.	
	— DES HL. AUGUSTIN: sie sind Augustinerinnen und insgemein von Champeau genannt, erst schwarz, dann violett gekleidet.	
13. Jhrh.	— VON BEAUVAIS: schwarzes Kleid mit weiten Ärmeln, Schleier schwarz, weiß gefüttert, weißer Wimpel, schwarzer Mantel und 2 Rosenkränze.	94. 187.
1668	— VOM ORDEN DER BETHLEHEMITEN in Westindien: Habit, Mantel, Weihel braun, letzterer weiß gefüttert, Bild der Geburt Jesu auf der linken Mantelseite, Rosenkranz, barfuß auf Sandalen.	102. 203.
1150	— VON CAMBRAI: anfangs schwarz gekleidet; später nahmen sie die Kleidung der Klosterfrauen von St. Julian an.	
1624	— VON DER CHRISTLICHEN LIEBE U. L. F.: schwarzgrauer Sergerock, weißer Strick mit 3 Knoten als Gürtel, weißes Kopftuch, das auch zugleich	

Gründungszeit		Nummer der Bildtafeln und Figuren
	HOSPITALITERINNEN (Fortsetzung). Hals und Brust bedeckte, Skapulier von weißer Serge, schwarzer Weihel und schwarzgrauer Mantel.	
13. Jhrh.	— DES HL. FRANZISKUS, auch Graue Schwestern (Soeurs grises): weil sie anfangs hellgrau gekleidet gingen, obgleich sie später verschiedene Farben für ihre Kleidung wählten. Wietz gibt als ihre Kleidung an: Rock und Skapulier grau, dicker, weißer Strick mit mehreren Knoten, weißer Wimpel, weißer und darüber schwarzer Weihel, Lederschuhe.	136. 271.
	— VOM III. ORDEN DES HL. FRANZISKUS, auch Elisabethinerinnen oder Barmherzige Schwestern, siehe Klosterfrauen.	
1600	— VOM ORDEN DES HL. GEISTES in Burgund: langes, schwarzes Kleid, weißes Brusttuch, schwarze Haube, weiß gefüttert, auf der linken Seite der Brust und auf dem Schleier weißes Patriarchenkreuz (☨).	93. 185.
	— VON ST. GERVASIUS, siehe Klosterfrauen des Spitals von St. Gervasius.	
1328	— VON ST. KATHARINA zu Paris: Habit, Mantel und Schleier schwarz, Strick und Brusttuch weiß.	93. 186.
1648	— ZU MONS; vor der Verbesserung: blaues Schleppkleid mit Ärmeln bis an die Ellbogen, weißer Strick mit Knoten, Halstuch, Wimpel und Weihel weiß. Nach der Verbesserung 1648: brauner Tuchrock, ebensolches Skapulier mit dem Bilde der Muttergottes auf der Brust. Gürtel, Wimpel, Schleier und Weihel weiß; brauner Tuchmantel, der bis auf die Fersen ging; nach anderen schwarzer Weihel.	136. 272.
1259	— VON PONTOISE: weißer Tuchrock mit weißen Riemen, weißes Leinenrochett, Wimpel und Schleier; schwarzer Mantel von Serge.	
1223	— AN DEM GROSSEN SPITAL ZU PARIS: Habit	

Gründungszeit — Nummer der Bildtafeln und Figuren

HOSPITALITERINNEN (Fortsetzung).
und Mantel schwarz, Brusttuch weiß, Schleier schwarz, weiß gefüttert, weiße Strümpfe, schwarze Schuhe und Rosenkranz. 97. 194.

1659 — DES HL. THOMAS VON VILLANOVA: schwarzes Kleid mit Ledergürtel, weiße Schürze mit Brustlatz, weißleinene Cornette, weiße Haube und weißes, spitziges Halstuch; großer, schwarzer Schleier. Das Kleid war vorn geschlossen und geschürzt. Die Haube war von schwarzer Pomille oder Gaze. Nach der Kupfertafel stellen die Cornetten ein weißes Tuch dar, das den Kopf einhüllte und nur das Gesicht freiließ; dieses Tuch endete unter dem Halse auf der Brust aufliegend, ähnlich wie Beffchen. 96. 191.

1642 — WELTLICHE, VON DER GESELLSCHAFT DES HL. JOSEPH zur Erziehung von Waisenmädchen: schwarz gekleidet, Kopf- und Halstuch weiß.

HOSPITALITER-KLOSTERFRAUEN VON ST. JOSEPH (nicht zu verwechseln mit den vorgenannten weltlichen Hospitaliterinnen): schwarzes Kleid und schwarzer Weihel, weißer Wimpel, gegürtet mit weißem Strick, dessen Enden bis zu den Füßen reichten. 118. 236.

1629 — ZU LOCHES: Kleid von weißer Serge, weißes Skapulier, viereckiges Kopftuch, das auch den Hals bedeckte, schwarzer Weihel. Das Kleid ward durch einen Ledergürtel geschürzt. An hohen Festen schwarze Kleidung mit großem, schwarzen Schleppschleier, dazu im Gürtel ein Kruzifix.

HOTEL DIEU zu Paris, siehe Hospitaliterinnen am großen Spital ebenda.

HUMILIATEN (Gedemütigte), Orden der, siehe Klosterfrauen.

1367 JESUATINNEN DES HL. HIERONYMUS: Habit

Gründungszeit		Nummer der Bildtafeln und Figuren
	weiß, Skapulier und Mantel lohfarben, Weihel schwarz, weiß gefüttert; Gürtel graubraun.	106. 211.
	JESUITINNEN: Bei Wietz, Band II, S. 261, und bei Brockhoff, S. 663 erwähnt, die Urban VIII. im Jahre 1631 unterdrückte. Sie hatten eine Kleidung ähnlich der der Jesuiten.	
	JOSEPH, ST., Hospitaliterklosterfrauen, siehe Hospitaliterklosterfrauen.	
	— Hospitaliterinnen, weltliche, von der Gesellschaft des hl. Joseph, siehe Hospitaliterinnen, weltliche.	
	ISIDOR, siehe Klosterfrauen der hhl. Leander und Isidor.	
1086	KAMALDULENSERINNEN: ganz weiße Tracht mit Ausnahme eines weiß gefütterten, schwarzen Schleiers im Chore. Abweichend hiervon beschreibt Wietz ihre frühere Kleidung: Rock und Skapulier von weißer Serge, Weihel schwarz, weiß gefüttert, weißwollener Gürtel, weißer Wimpel, schwarze Lederschuhe und im Chore weiße Kutte. Sie gehören zu den Benediktinerinnen.	120. 240.
	KANONISSEN VON ABBEVILLE, siehe Hospitaliterinnen.	
	— VON ANDENNE, siehe Chorfrauen, weltliche.	
	— VON DENIS, siehe Chorfrauen, weltliche.	
16. Jhrh.	— VON ÉPINAL, POUSSAY, ST. PETER UND ST. MARIE zu Mutz: sie kleideten sich gleich denen von Reimersberg und trugen außerdem ein blaues Band von der rechten Schulter zur linken Hüfte, wo es in einem Knoten endigte.	
	— IN FLANDERN (Nivelle), siehe Chorfrauen, weltliche.	

Gründungszeit		Nummer der Bildtafeln und Figuren
	KANONISSEN (Fortsetzung).	
	— VOM HL. GEISTE, auch Filles de Dieu = Gottestöchter, siehe Congregation von der hl. Brigida.	
	— DES HL. GRABES, siehe Regulierte Chorfrauen.	
809	— VON HOMBURG UND STRASSBURG: Kleid schwarz mit ebensolchem Weihel, weißer Wimpel; im Chore Schleppmantel mit Hermelin gefüttert, schwarze Schuhe.	131. 262.
809	— VON KÖLN, LINDAU, BUCHAU usw., deren Äbtissinnen Reichsfürstinnen waren: im Hause weltliche Kleidung: weißes Kleid, unten mit Stickerei, frisiertes Haar; im Chore eine Kopfbedeckung wie eine Art Nachthaube, weißer Überwurf, der um die Hüften von einem Gürtel zusammengehalten wurde, langer, schwarzer Schleppmantel, violett gefüttert, weißer Wimpel, weiße Halskrause und weiße Schuhe.	130. 260.
	— VON ST. MARKUS, siehe Regulierte Chorfrauen.	
12. Jhrh.	— VON MAUBEUGE: die Kanonissen sind wie die weltlichen Chorfrauen von Nivelle gekleidet; die Äbtissin aber trug einen weißen Rock und darüber einen roten, mit Grauwerk besetzten, kürzeren; einen violetten Mantel und einen weißen Schleier.	132. 264.
	— VON MONS, siehe weltliche Chorfrauen von Mons.	
	— VON MÜNSTER UND BELISE, siehe Chorfrauen, weltliche.	
	— VON NOLI, siehe Chorfrauen.	
	— DES PRÄMONSTRATENSERORDENS, siehe Regulierte Chorfrauen.	
	— VON REMIREMONT, siehe Chorfrauen, weltliche.	
	— U. L. F., siehe Klosterfrauen.	

Gründungszeit		Nummer der Bildtafeln und Figuren
1538	KAPUZINERINNEN, oder Clarissinnen, Töchter vom Leiden: Habit und Mantel braun, Brusttuch weiß, Schleier schwarz, weiß gefüttert, weißer Strick, Rosenkranz, barfuß auf Sandalen.	133. 265.
	KATHARINA, HOSPITALITERINNEN VON ST., siehe Hospitaliterinnen.	
1406	KLOSTERFRAUEN DES HL. AMBROSIUS, auch Lombardische Annuntiaten genannt: Rock und Kopfschleier hellbraun, Brusttuch und Weihel weiß.	109. 218.
1639	— VON DER EWIGEN ANBETUNG DES HEILIGSTEN SAKRAMENTES: schwarzes Kleid, auf jedem Ärmel desselben eine Monstranz mit Hostie, frei hängendes Emblem, in Seide gestickt, Skapulier, Mantel, Weihel und Wimpel weiß, schwarzwollener Gürtel, Schuhe.	118. 235.
400	— DES HL. AUGUSTIN, ERSTE: schwarzer Rock, weißes Rochett, eine Art weißer Weihel, der mit kleinen, roten Kreuzchen wie besät ist, bedeckte das Haupt und reichte bis zu den Fersen. Schuhe.	85. 169.
550	— DES HL. AURELIAN: sie gingen in schwarzen Kleidern aus natürlicher, schwarzer Wolle.	
	— VOM ORDEN DES HL. BASILIUS in den Abendländern (Italien und Polen): schwarzes Kleid und Skapulier, sowie Schleier bis zu den Waden, auch schwarzes Brusttuch.	
1607	— DER HL. BRIGITTA VON DER RECOLLECTION: schwarzes Kleid, weißes Brusttuch, schwarzer Weihel, weiß gesäumt, auf der Stirn bzw. Weihel ein rotes Kreuz; im Chore schwarze Kutte mit weiten Ärmeln.	108. 215.
5. Jahrh.	— DER HL. JUNGFRAU BRIGITTA: weißer Rock, schwarzer Weihel und Mantel, weißer Gürtel, Hals frei.	90. 179.

Gründungszeit		Nummer der Bildtafeln und Figuren
	KLOSTERFRAUEN (Fortsetzung).	
1215	— DES ORDENS VON DER BUSSE DER HL. MAGDALENA in Metz (Magdelonetten), auch Weiße Frauen genannt: Habit, Skapulier, Mantel, Weihel, Strick und Schuhe alles weiß.	103. 205.
1272	— — — — IN FRANKREICH: Kleid dunkelgrau, Schleier schwarz, weiß gefüttert, Brusttuch weiß, Schuhe.	103. 206.
133	— ADELIGE, DER ABTEI GRAND BIGARD, die große bei Brüssel in Brabant: schwarzes Kleid, weißer Überwurf, große schwarze Kutte mit weiten Ärmeln, welche weiß gefältelten Besatz haben, Schuhe schwarz; Wimpel viereckig, Weihel schwarz mit weißem Futter.	127. 254.
1263	— DER HL. CLARA vom Orden der Demut U. L. F., auch Urbanistinnen genannt: sie waren den älteren Clarissinnen gleich gekleidet.	
1379	— DER CONGREGATION VON CORPUS CHRISTI: von der Kleidung nichts zu finden.	
1100	— VON EBRALDSBRUNN, Font-Evrald oder Evraud: Kleid, Überwurf und Brusttuch weiß, Weihel und Gürtel schwarz; im Chore schwarze Kutte; gehören zu dem Orden der Benediktinerinnen.	123. 246.
1633	— VOM ORDEN DES FLEISCHGEWORDENEN WORTES: Kleid weiß, Skapulier, Gürtel und Mantel rot, Schleier schwarz; auf der Brust trugen sie in blauer Seide gestickt ein Herz mit einer Dornenkrone und dem Monogram JHS; Schuhe.	117. 233.
1395	— VOM III. ORDEN DES HL. FRANZISKUS, auch Elisabethinerinnen von la Faille: von den Elisabethinerinnen im allgemeinen ist zu sagen, daß sie sich verschiedenfarbig kleideten: aschgrau, hellgrau, dunkelgrau, blau und braun, nur schwarz und weiß war durch die Regel untersagt, wohl aber bedienten sich	

Gründungs-zeit		Nummer der Bildtafeln und Figuren
	KLOSTERFRAUEN (Fortsetzung). die einen oder die anderen schwarzer oder weißer Schleier; das Skapulier wurde ebenfalls nicht allgemein getragen. Auch trugen einige große, schwarze Mäntel mit Kapuze, die fast das ganze Gesicht verhüllten, andere wieder Mäntel ohne Kapuze. Die Elisabethinerinnen de la Faille trugen dunkelgrauen Rock, schwarzen Mantel, der auch den Kopf bedeckte, weißes Brusttuch und weißen Strick, Schuhe. Die vorliegenden Berichte lassen zu einer Klarheit nicht kommen.	135. 270.
	— UND HOSPITALITERINNEN VOM III. ORDEN DES HL. FRANZISKUS, auch Elisabethinerinnen oder Barmherzige Schwestern mit Klausur: ihre Zeremonienkleidung bestand in einem dunkelkastanienbraunen Kleide und ebensolchem Skapulier und Mantel, weißem Brusttuch, weißem Strick mit 5 Knoten, weißem Wimpel, schwarzem Weihel, der auch die Stirn und die Augenbrauen bedeckte, Schuhe.	135. 269.
7. Jahrh.	— DES HL. FRUKTUOSUS: von ihrer Kleidung ist nichts bekannt.	
1134	— DES ORDENS DER GEDEMÜTIGTEN oder Humiliaten: Kleid, Skapulier, Schleier und Weihel weiß, aschgrauer Überrock, weiße Strümpfe und weiße Pantoffeln, Rosenkranz.	124. 248.
	— VON AUSLÖSUNG DER GEFANGENEN, siehe Trinitarierinnen.	
	— DES SPITALS ST. GERVASIUS in Paris: Rock von weißer Serge, weißleinenes Rochett, Gürtel und Weihel schwarz; im Chore schwarzer Mantel.	
1146	— VOM ORDEN DES HL. GILBERT: Kutte und Brusttuch weiß, schwarzer Weihel mit Schaffell gefüttert und Pelz von Schaffellen. Die Laienschwestern hatten weiße Kleidung, statt der Kutte aber einen	92. 183.

Gründungszeit | Nummer der Bildtafeln und Figuren

KLOSTERFRAUEN (Fortsetzung).

weißen, mit Schaffellen gefütterten Mantel von schwarzer Farbe. Gehören den Benediktinerinnen an. 92. 184.

1232 — GENANNT GOTTESTÖCHTER, in Paris und Rouen: Kleid, Mantel, Schleier und Brusttuch schwarz, der Mantel mit Hermelin gefüttert, der Schleier weiß gefüttert. Gottestöchter siehe aber auch unter Congregation der hl. Brigida. 94. 188.

1510 — DES HL. HIERONYMUS (Hieronymitanerinnen) in Spanien: Rock weiß, Skapulier, Mantel und Weihel schwarz, Kopf- und Brusttuch weiß, beschuht. 106. 212.

1121 — VON MONTEVERGINE in Neapel: Rock, Mantel und Skapulier, großer, hellgrauer Schleier, das Gesicht bis über die Augen bedeckend; weißlederner Riemen und weißleinenes Tuch, das Kopf, Hals und Brust bedeckt; weiße Strümpfe, graue Halbschuhe; diese Kongregation gehört dem Benediktinerorden an. 124. 247.

579 — DER HHL. LEANDER UND ISIDOR: Rock von natürlich schwarzer Wolle, Mantel mit Kapuze von ebensolchem Zeug; Ledergürtel, barfuß auf Sandalen.

1514 — DER HL. MAGDALENA zu Rom und Sevilla, genannt die Bekehrten: Habit, Weihel, Mantel schwarz, Skapulier und Wimpel weiß, der Schleier bedeckte den ganzen Kopf, barfuß auf Sandalen. 104. 207.

— DES MAGDALENENORDENS in Paris, Rouen und Bordeaux, siehe Magdelonetten.

1610 — VOM ORDEN MARIÄ HEIMSUCHUNG, Salesianerinnen: grobwollenes, in Falten gelegtes Kleid mit langen, mittelmäßig weiten Ärmeln, die bis zu den Fingerspitzen reichen und, aufgeschlagen, darunter schwarze enganliegende Unterärmel sehen lassen. Auf der Brust, an einem schwarzwollenen, um den Hals gehängten Bande ein silbernes Kreuz mit

Gründungszeit		Nummer der Bildtafeln und Figuren
	KLOSTERFRAUEN (Fortsetzung). Reliquien. Eine Hülle, Barbette genannt, in Form eines Brusttuches, das bis zum Kreuze reicht und den Hals umgibt, wird oben von einem schwarzen Stirnbande umschlossen. Als Kopfbedeckung dient ein schwarzer Schleier von Etamin, der von den Schultern bis etwa unter den Gürtel hinabreicht und in Falten gelegt ist. Der Gürtel ist von Wollstoff, und an ihm ist der Rosenkranz befestigt.	
1414	— VON MARIA HIMMELFAHRT, Haudrieten genannt: Habit, Schleier, Strick schwarz, Vor- und Brusttuch weiß; im Gürtel ein Kruzifix; beschuht.	98. 196.
1626	— VON MARIA REINIGUNG in Frankreich: weißer Sergerock, darüber schwarzer mit Schleppe, wollener Gürtel, weißleinener Wimpel, schwarze Kopfbinde, Weihel und Schuhe.	
1664	— — in Italien: Rock schwarz, Skapulier, Brusttuch, Schleier weiß; auf der Stirn (Kopfschleier) ein schwarzes Kreuz, Rosenkranz, schwarze Halbschuhe.	116. 232.
728	— VON MASMÜNSTER, ein freiweltliches, später gefürstetes, adeliges Frauenstift: Kleid und Mantel, letzterer schleppend, schwarz, Rüsche um den entblößten Hals, Kopfputz weiß, blau und schwarz, Schuhe.	120. 239.
1495	— DES ORDENS DER MINIMEN oder Paulaner: Habit, kurzes Skapulier, Mantel, Strick dunkelbraun, Brusttuch, Schleier schwarz, weiß gefüttert, beschuht.	140. 280.
	— VON MONTFLEURI, siehe Dominikanerinnen, unregulierte.	
1626	— VON RECANATI in Italien, auch von der Himmelfahrt genannt: blauer Rock und Mantel, weißes Vor- und Brusttuch, Weihel blau, weiß gefüttert, Skapulier weiß, beschuht.	98. 195.

Gründungszeit		Nummer der Bildtafeln und Figuren
	KLOSTERFRAUEN (Fortsetzung).	
Nach 1280	— VOM ORDEN DER SERVITEN: Habit und Skapulier schwarz, Schleier schwarz, weiß gefüttert, und weißes Vortuch auf der Brust. Anfänglich trugen sie angeblich ein härenes Hemd und ein dürftiges, graues Oberkleid, von einer eisernen Kette umgürtet. Bei feierlichen Anlässen in der späteren Zeit ein Mantel. Die III. Ordensmitglieder (Mantellatae) schwarze Röcke mit Ledergürtel, weiße Schleier und Vortücher.	102. 204.
1231	— DES SILVESTRINERORDENS: schwarzer Habit mit weiten Ärmeln, Schleier schwarz mit weißem Rande, Brusttuch weiß.	125. 249.
	— VON DER CONGREGATION U. L. F. in Paris, Kanonissinnen genannt: Habit, Mantel und Schleier schwarz, Brusttuch weiß.	96. 192.
1633	— U. L. F. VON DER BARMHERZIGKEIT: Habit und Weihel schwarz, Skapulier von weißer Serge, Kruzifix am Bande auf der Brust, Mantel schwarzgrau.	117. 234.
1644	— — VON DER CHRISTLICHEN LIEBE: Rock, Skapulier und Mantel von weißer Serge, weißleinener Wimpel, schwarzer Schleier und schwarze Schuhe. Auf der Brust trugen sie ein silbernes Herz mit dem Bilde Mariä und des Jesuskindes zwischen einem Öl- und Rosenzweige.	
1568	— — VON DER GNADE: Habit, Skapulier, Mantel und Brusttuch weiß, Weihel schwarz, weiß gefüttert; das Ordenswappen auf der Brust.	101. 201.
1624	— DES ORDENS U. L. F. VON DER ZUFLUCHT: Kleidung rotbraun, weißes Skapulier; im Chore Mantel von der Farbe des Kleides.	
1484	— VON DER UNBEFLECKTEN EMPFÄNGNIS MARIÄ: Rock, Skapulier, Wimpel, Stirnbinde und Schuhe weiß, himmelblauer Mantel, schwarzer Wei-	

Gründungszeit		Nummer der Bildtafeln und Figuren
	KLOSTERFRAUEN (Fortsetzung). hel; auf dem Skapulier ein silbernes Bildnis Mariä; das Skapulier reichte nur bis zum Gürtel, aber am Sprechgitter hatten sie darüber ein großes, bis zu den Füßen gehendes Skapulier.	138. 275.
1501	— VOM ORDEN VON DER VERKÜNDIGUNG ODER DEN 10 TUGENDEN MARIENS, auch Annuntiaten genannt: grauer Rock, scharlachrotes Skapulier, weißer Mantel, schwarzer Weihel, weißer Wimpel; auf der Brust trugen sie eine silberne Medaille mit dem Bilde Mariä Verkündigung an blauem Bande; vorher hatten sie eine blaue Schleppe. Novizen trugen ein weißes, statt des roten Skapuliers. Bei der Gelübdeablegung erhielten sie auch einen Ring. Um sie immer an die 10 Tugenden Mariens zu erinnern, hatte ihr Gürtel 10 Knoten, und die Quasten an den Enden des Gürtels stellten ein Erinnerungszeichen an die Geißeln dar, mit denen der Heiland geschlagen wurde.	138. 276.
1604	— DER HIMMLISCHEN VERKÜNDIGUNG, himmelblaue Annuntiaten wegen ihrer Tracht: Rock weiß, Skapulier, Gürtel und Mantel himmelblau, Wimpel weiß, Rosenkranz, Kreuz, blaue Schuhe.	115. 230
	— VOM ORDEN DES WELTHEILANDES, Brigittinerinnen, siehe diese.	
	KLOSTERFRÄULEIN DER ABTEI ESTRUN bei Arras: Kleid und Überwurf schwarz, weißer, runder Wimpel, großer, schwarzer Mantel, mit weißen Kaninchenfellen ausgeschlagen, weißes Häubchen und darüber weißer Weihel.	127. 253.
1056	— DER ABTEI MESSINE im Bistum Ypern: sie kleideten sich wie die Adeligen Benediktinerinnen in Bourburg, nur hatten sie größeres Kopfzeug.	
	LAIENSCHWESTERN DES HL. GILBERT, siehe Klosterfrauen vom Orden des hl. Gilbert.	

Gründungszeit		Nummer der Bildtafeln und Figuren
	LATERANENSISCHE CHORFRAUEN, siehe Regulierte Chorfrauen vom Lateran.	
	LEANDER, siehe Klosterfrauen des hl. Leander und Isidor.	
	LEIBE DES HERRN, VOM, Tertiarierinnen, siehe Dominikanerinnen.	
472	LERINSER NONNEN, nichts von Kleidung zu finden.	
	LOMBARDISCHE ANNUNTIATEN, siehe Klosterfrauen des hl. Ambrosius.	
	MAGDALENA, KLOSTERFRAUEN DER HL., zu Rom und Sevilla, genannt die Bekehrten, siehe Klosterfrauen.	
	MAGDALENERINNEN heißen von ihrer Tracht auch Weißfrauen.	
15. Jhrh.	MAGDELONETTEN, siehe Klosterfrauen des Ordens von der Buße der hl. Magdalena in Metz und Neapel.	
1018	— IN PARIS, ROUEN UND BORDEAUX, Klosterfrauen von der Congregation St. Maria Magdalena: Habit und Skapulier dunkelgrau, Strick weiß, Schleier schwarz, Wimpel weiß, beschuht.	104. 208.
	MANTELLATAE, siehe Dominikanerinnen II. und III. Ordens, auch die Servitinnen vom III. Orden.	
	MARIA HEIMSUCHUNG, siehe Klosterfrauen des Ordens Mariä Heimsuchung.	
	— HIMMELFAHRT, Klosterfrauen (Haudrieten), siehe Klosterfrauen.	
	— REINIGUNG, siehe Klosterfrauen.	
	— SIEBEN SCHMERZEN, siehe Schwestern der Gemeinschaft von den sieben Schmerzen Mariä.	

Gründungs-zeit

Nummer der Bildtafeln und Figuren

MARIA VERKÜNDIGUNG, siehe Klosterfrauen der himmlischen Verkündigung.

MARKUS IN MANTUA, Regulierte Chorfrauen von St. Markus, siehe Regulierte Chorfrauen.

400 MARONITISCHE NONNEN DES HL. ANTONIUS: sie trugen Ependytes und Maphors; P. Delle übersetzt Ependytes mit Rock und Maphors mit Mantel; Hélyot aber glaubt, daß Ependytes Mäntel seien, die auf allen Seiten geschlossen waren, die man über den Kopf nahm und über die Arme schlug. Maphors und Maphorium wurde auch für Palla angewandt, welch letztere einen Frauenmantel bezeichne, einen langen Rock, einen nachschleppenden Weiberrock und ein Wams. Der Rock der Maronitischen Nonnen war von brauner Serge und mit einem schwarzen Riemen umgürtet, darüber trugen sie eine Art rauchfarbigen Mantel. Der Kopf wurde durch einen schwarzen Schleier bedeckt; die Füße waren nicht bekleidet. Die Nonnen durften Hemden tragen, die Mönche nicht.

MASMÜNSTER-KLOSTERFRAUEN, siehe Klosterfrauen.

MAUBEUGE, Äbtissin von, siehe Kanonissinnen.

MECHITARISTEN-NONNEN: diese waren in Persien wie die Armenischen Mönche gekleidet und trugen eine Kapuze; nur der Bart unterschied die Mönche von den Nonnen. Die Nonnen von Jerusalem hatten statt der Kapuze ein blaues Tuch um den Kopf, das vorn und hinten spitz hinabhing und unter dem Kinn mit einer Nadel zusammengehalten wurde; Schleier bis auf die Knöchel reichend.

MERCEDARIER, WEIBLICHER ZWEIG, siehe Trinitarierinnen.

Gründungszeit		Nummer der Bildtafeln und Figuren
	MINIMEN, siehe Klosterfrauen der Minimen.	
	— III. ORDEN, siehe Orden.	
	NESTORIANISCHE NONNEN, siehe Chaldäische Nonnen.	
1476	NONNEN VOM ORDEN DES HL. AMBROSIUS AD NEMUS: Rock und Skapulier hellbraun, Weihel schwarz, weiß gesäumt, Halstuch, unter dem ein kleiner, weißer Weihel, Skapulier nur bis zu den Waden. Schuhe.	108. 216.
318	— DES HL. ANTONIUS, ERSTE, in Ägypten: lichtbrauner Habit, schwarzer Ledergürtel, Mantel von weißem Schaffell, auf dem Kopfe schwarzer Weihel, Sandalen.	77. 154.
	— DES HL. BASILIUS im Orient und Occident: die morgenländischen gleichen in ihrer Kleidung der der Mönche, nur hatten sie einen großen Mantel vom Kopf bis auf die Füße. Keinen Schleier, kein Stirnband, kein Vortuch. Die abendländischen sind wie die Mönche des hl. Basilius in Italien gekleidet gewesen, hatten aber ebenfalls einen Mantel, der vom Kopfe bis zu den Füßen reichte. Ihr Wimpel, oder Vortuch über der Brust war von schwarzem Garne. Bei Feierlichkeiten trugen sie noch eine Kutte, oder Cuculla. Nach Wietz trugen sie schwarzen Habit, dunkelgraues Skapulier, weißes Brusttuch, schwarzen oder dunkelbraunen Überwurf, einen Mantel ohne Ärmel, schwarzen Weihel und Schuhe. Diese letztere Bekleidung dürfte schon aus etwas späterer Zeit stammen.	80. 159 u. 160.
13. Jhrh.	— VOM ORDEN DER BUSSE CHRISTI, gewöhnlich Sackträgerinnen genannt: graublauer Habit, graues Skapulier, schwarzer Schleier, brauner Gurt, Rosenkranz, barfuß auf Holzsandalen.	97. 193.

Gründungszeit		Nummer der Bildtafeln und Figuren
	NONNEN (Fortsetzung).	
507	— DES HL. CÄSARIUS: weiß gekleidet, nur Schleier und Schuhe schwarz.	
7. Jahrh.	— DES HL. KOLUMBAN: langer, weißer Rock mit weiten Ärmeln, Wimpel und Weihel ebenfalls weiß, Schuhe schwarz.	
6. Jahrh.	— DES HL. DONAT: Kleidung wie die der Nonnen des hl. Cäsarius.	
	— DES HL. ELIGIUS: Rock und Weihel schwarz, Mantel weiß, Schuhe schwarz.	
325	— DES HL. HILARION: Graues Kleid mit Gürtel, langer, lichtbrauner Mantel, schwarzer Weihel, weiß gefüttert.	79. 157.
	— LERINSER, siehe Lerinser Nonnen.	
	— VOM BERGE LIBANON. Sie gehörten zum Orden des hl. Antonius und waren gekleidet wie die Mönche: Kleid von brauner Serge, schwarzer Ledergürtel und darüber ein Rock von grobem Camlot von Ziegenhaaren, rauchfarbig. Von den Mönchen unterschieden sie sich dadurch, daß letztere keine Hemden trugen und eine Kappe von schwarzem Tuche hatten, die Nonnen aber einen schwarzen Schleier, der bis zu den Füßen reichte, trugen.	
	— VON DER HL. MARIA VOM BERGE CARMEL, siehe Carmelitinnen.	
330	— DES HL. PACHOMIUS: schwarzer Habit, aschgraues Skapulier, graues Mäntelchen, kleine, runde Kapuze, welche so wie die Ärmel und Cuculla an den Säumen mit kleinen, roten Kreuzchen besetzt war.	79. 158.
	NOTRE DAME, siehe Congregation de Notre Dame.	
1425	OBLATEN DER HL. FRANZISKA ROMANA: schwarzes Kleid, das den Hals frei ließ, Weihel weiß, lang, ging bis zu den Füßen; schwarze Schuhe.	126. 251.

Gründungszeit		Nummer der Bildtafeln und Figuren
	ORDEN DES HL. AMBROSIUS, siehe Nonnen vom Orden des hl. Ambrosius.	
	— DES HL. ANTONIUS in Ägypten, siehe Nonnen des hl. Antonius.	
	— ARMENISCHER, siehe Armenische Nonnen.	
	— ÄTHIOPISCHER, siehe Äthiopische Nonnen.	
	— DER EWIGEN ANBETUNG, siehe Benediktinerinnen.	
	— VON DER BUSSE, siehe Nonnen vom Orden der Buße.	
	— — DES HL. DOMINIKUS, siehe Schwestern vom III. Orden.	
	— — DER HL. MAGDALENA, siehe Klosterfrauen des Ordens von der Buße der hl. Magdalena in Metz.	
	— CHALDÄISCHER, siehe Chaldäische Nonnen.	
	— COPTISCHER, siehe Coptische Nonnen.	
	— DER DEMUT U. L. F., siehe Klosterfrauen der hl. Clara.	
	— III., DER HL. DREIEINIGKEIT, siehe Trinitarierinnen.	
	— DES FLEISCHGEWORDENEN WORTES, siehe Klosterfrauen.	
1212	— II., DES HL. FRANZISKUS (Clarissinnen, Damianitinnen und die Armen Damen genannt): sie trugen schon im ersten Probejahr das Haar rund geschoren, drei Röcke als Kleidung und einen Mantel, aber noch keinen Schleier; die Klosterfrauen hatten ebenfalls drei Röcke und einen Mantel; später bekamen sie zwei Röcke und das Skapulier, das Innozenz IV. ver-	

Gründungszeit | | Nummer der Bildtafeln und Figuren

ORDEN (Fortsetzung).

ordnet hatte. Einige trugen graue Tuchkleidung, andere solche von Serge. Auch die Länge der Mäntel war verschieden; die einen ließen sie bis an die Knöchel, andere bis an die Waden und wieder andere nur bis zu den Hüften gehen.

— III., DES HL. FRANZISKUS (Elisabethinerinnen), siehe Klosterfrauen.

— MARONITISCHER, siehe Maronitische Nonnen.

— DER MINIMEN, siehe Klosterfrauen.

1502 — III., DER MINIMEN; keine Notiz über deren Kleidung zu finden.

— U. L. F. VON DER GNADE, siehe Klosterfrauen.

1265 — — — III. ORDEN: Habit, Skapulier, Mantel und Brusttuch weiß, Weihel schwarz, weiß gefüttert, und Ordenswappen auf der Brust; barfuß auf Sandalen.

— — VON DER VERKÜNDIGUNG und den zehn Tugenden, siehe Klosterfrauen.

— — VON DER ZUFLUCHT, siehe Klosterfrauen.

PACHOMIUS, Nonnen des hl., siehe Nonnen.

PAULANER, Klosterfrauen des Ordens der Paulaner, siehe Klosterfrauen.

PETRUS VON ALKANTARA, Einsiedlerinnen von der Verbesserung des hl., siehe Einsiedlerinnen.

1630 PHILIPPINERINNEN: Kleid schwarz, Rochett und Strick weiß, Schleier schwarz, weiß gefüttert, schwarzes Kreuz auf der Brust, weißes Kopftuch, das auch den Hals bedeckt, Halbschuhe. 116. 231.

PRÄMONSTRATENSERORDEN, siehe Regulierte Chorfrauen des.

Gründungszeit | Nummer der Bildtafeln und Figuren

RECANATI, Orden von, siehe Klosterfrauen des Ordens von.

RECOLLECTINNEN, siehe Bußschwestern des III. Ordens des hl. Franziskus.

— siehe verbesserte Cistercienserinnen in Spanien.

REGULIERTE CHORFRAUEN VON CHAILLOT, oder der Pariser Vorstadt de la Conférence: Kleidung wie die der lateranensischen Chorfrauen, aber mit einer schwarz und weiß gefleckten Kotze, ähnlich dem Hermelinpelze. 89. 178.

12. Jhrh. — — VOM ORDEN DES HL. GRABES: sie trugen zuerst ein rotes Kleid, später ein schwarzes, einen weißleinenen Überwurf ohne Ärmel, auf dem an der linken Seite ein carmoisinrotes Doppelkreuz angebracht war. Ein lederner Gürtel, der vorn herabhing, trug zur Erinnerung an die fünf Wunden des Heilands fünf Nägel von Kupfer. Kopf und Schultern bedeckte ein schwarzer Schleier. Für den Chordienst nahmen sie einen langen, schwarzen Mantel, der ebenfalls auf der linken Seite mit dem roten Doppelkreuz versehen war und 2 carmoisinrote, wollene Schnüre mit fünf Knoten hatte; die Schnüre endigten in Quasten und berührten die Erde. Am Ringfinger trugen sie einen goldenen Reif mit Doppelkreuz, in den der Name „Jesus" eingraviert war. Die Laienschwestern dagegen trugen weder Mantel noch Ring; der letzteren Überwurf war schwarz und besaß weite Ärmel; außerdem trugen sie einen weißen Schleier. Die Donaten gingen schwarz gekleidet, und auch ihr Schleier oder Haube war von schwarzem Krepp; auf dem Kleide jedoch trugen auch sie das rote Doppelkreuz. 90. 180.

798 — — VOM LATERAN, lateranensische Chorfrauen des hl. Augustin: Kleid von weißer Serge, weiß-

Gründungszeit		Nummer der Bildtafeln und Figuren
	REGULIERTE CHORFRAUEN (Fortsetzung). leinenes Rochett, weißes Kopf- und Halstuch (Weihel), Schuhe schwarz. Brockhoff sagt, daß viele auch das Almutium auf dem linken Arme trugen.	89. 177.
13. Jhrh.	— — VON ST. MARKUS in Mantua, deren Kleidung nicht bekannt ist.	
1126	— — DES PRÄMONSTRATENSERORDENS: Kleid und Skapulier von weißer Wolle, das Kleid gegürtet; ein schwarzer Schleier bedeckte Hals- und Schultern und außerdem großer, weißer Mantel; einige hatten auch auf dem Stirnbande ein Kreuzchen und einige trugen auf dem Arme ein Almutium. Wietz berichtet, daß sie weiße Kleidung von grober Wolle oder Schaffellen trugen und einen schwarzen Weihel hatten.	91. 181.
800	— — DER ALTEN CONGREGATION VON ST. VICTOR: Rock und Skapulier von weißer Serge, Gürtel von weißem Zwirn, 3 Finger breit, und schwarzer Mantel.	91. 182.
6. Jahrh.	RELIGIOSEN DES KLOSTERS TARANT an der Rhône bei Lyon: Nach Hélyot war ihre Kleidung gleich der der Klosterfrauen des hl. Cäsarius; er meint auch, das Kloster habe Tarnat und nicht Tarant geheißen. Nach Wietz waren das männliche Religiosen.	
	SACKTRÄGERINNEN, siehe Nonnen vom Orden der Buße.	
	SALESIANERINNEN, siehe Klosterfrauen des Ordens von Mariä Heimsuchung.	
	SCHWARZE SCHWESTERN, siehe Cellitinnen.	
	SCHWESTERN VON DER BUSSE, siehe Dominikanerinnen.	

Gründungs-zeit | **Nummer der Bildtafeln und Figuren**

SCHWESTERN (Fortsetzung).

— DER CHRISTLICHEN LIEBE; von Kleidung ist nichts erwähnt.

— DES ORDENS VOM HL. GILBERT, siehe Klosterfrauen.

ca. 1536 — VON DER CONGREGATION DER GUASTALLINNEN, Töchter Marias: ihre Kleidung war der einer ehrbaren Bürgersfrau ähnlich; sie trugen einen kleinen, weißen Schleier und einen goldenen Fingerring, in den eine Hand eingraviert war, die ein Kreuz hält. Auf dem Rocke trugen sie ein Mieder, das in einer Schneppe spitz auslief und enge Ärmel hatte. Ein kleiner Mantel ging nur bis an die Ellbogen. Auch der Schleier bildete auf der Stirn eine Schneppe.

1652 — DER GEMEINSCHAFT VON DEN SIEBEN SCHMERZEN MARIÄ: Schwarzer Rock mit wollenem Gürtel, gelblicher Schleier und Wimpel, schwarzer Mantel, der die Schwestern vom Kopfe bis zu den Füßen bedeckte, aber auf beiden Seiten bis an den Gürtel aufgesteckt war.

1609 — VON DER GESELLSCHAFT DES GUTEN JESUS: weißes Kleid, schwarzer oder brauner Mantel, großer Rosenkranz um den Hals, barfuß.

— — ST. THOMAS VON VILLENEUVE VOM III. ORDEN DES HL. AUGUSTIN, siehe Hospitaliterinnen.

1401 — VOM III. ORDEN DES HL. AUGUSTIN: unter den weltlichen Kleidern trugen sie ein kleines, breites, schwarzes Skapulier von Tuch oder Serge und einen Ledergürtel von etwa 2 cm Breite, beides Characteristica des Augustinerordens.

— — VON DER BUSSE DES HL. DOMINIKUS; Kleidung nicht erwähnt.

Gründungs-zeit | Nummer der Bildtafeln und Figuren

SCHWESTERN (Fortsetzung).

1476 — — DER CARMELITINNEN: schwarzer oder dunkelrötlicher, bis auf die Fersen hinabreichender Rock, darüber ein schwarzer Ledergürtel, Skapulier breit und bis übers Knie reichend. Weiße, bis zu den Waden reichende Cappa (eine Art Mantel); weißer Schleier ohne Brusttuch und Weihel. Diese Kleidung trugen sie auch öffentlich, wo es angängig war, andernfalls trugen sie sich wie Weltleute in dunklen Farben. Abweichend hiervon bezeichnet Wietz ihre Kleidung: Rock und Skapulier bis auf die Fersen braun, schwarzer Gürtel, einfacher, weißer Schleier, Mantel. 84. 167.

— — U. L. F. VON DER GNADE, eine Schwester des III. Ordens U. L. F. von der Gnade: die Ordenstracht entspricht ganz derjenigen der Klosterfrauen dieses Ordens. 101. 202.

SERVITINNEN, siehe Klosterfrauen vom Orden der Serviten.

— III. ORDEN: schwarze, enge Röcke mit Ledergürtel, weißer Schleier und Vortuch.

SIEBEN SCHMERZEN MARIÄ, siehe Schwestern der Gemeinschaft von den.

SILVESTRINERORDEN, siehe Klosterfrauen.

STUDITENNONNEN, siehe Akömetische Nonnen.

1583 THEATINERINNEN DER UNBEFLECKTEN EMPFÄNGNIS MARIÄ „VON DER CONGREGATION“: weißer und darüber schwarzer Rock mit weiten Ärmeln, schwarzwollener Gürtel, weißer Weihel; der Kragen des Kleides ging bis dicht an das Kinn, vorn offen, darunter weiße Binde. 109. 217.

1610 — — — „VON DER EINSIEDELEI“: weißer Tuchrock, schwarzer Lederriemen, Skapulier und Mantel

Gründungs-zeit		Nummer der Bildtafeln und Figuren
	blau, weißleinener Wimpel, weißer Weihel, barfuß auf Sandalen.	110. 219.
	THOMAS VON VILLANOVA VOM III. ORDEN DES HL. AUGUSTIN, HOSPITALITERINNEN VON DER GESELLSCHAFT DES HL., siehe Hospitaliterinnen.	
	TÖCHTER VOM LEIDEN, siehe Kapuzinerinnen.	
1689	TRAPPISTINNEN ODER REFORMIERTE CISTERCIENSERINNEN: weißes Kleid, schwarzes Skapulier und schwarzer Schleier.	
1236	TRINITARIERINNEN ODER KLOSTERFRAUEN VON AUSLÖSUNG DER GEFANGENEN von der alten Observanz, weiblicher Zweig der Mercedarier: Rock und Skapulier weiß, Weihel schwarz; blaues und rotes Kreuz auf Skapulier und Mantel; beschuht. Im Chore nehmen sie eine große, schwarze Kappe um.	95. 189.
	— UNBESCHUHTE, siehe Unbeschuhte.	
1584	— III. ORDEN, Tertiarierorden von der hl. Dreifaltigkeit: in Paris entstand eine Gemeinschaft von weltlichen Frauenspersonen, die nach der Regel der Religiosen der hl. Dreifaltigkeit lebte; ihre Kleidung war ein weißer Rock und Skapulier, auf dem sich ein blaues und rotes Kreuz befand; man pflegte es aber gewöhnlich nur unter den weltlichen Kleidern zu tragen.	
	UNBEFLECKTE EMPFÄNGNIS, Orden von der, siehe Klosterfrauen.	
1589	UNBESCHUHTE AUGUSTINERINNEN, I. Klasse, auch reformierte genannt: in Portugal weiße Kleidung, die aus einem von einem ledernen Gürtel gehaltenen Rock und Skapulier bestand; das Haupt bedeckte ein weißer Schleier, der bis über die Augen reichte, dar-	

Gründungszeit		Nummer der Bildtafeln und Figuren
	UNBESCHUHTE AUGUSTINERINNEN (Forts.). über kam ein schwarzer, der hinten bis zu den Waden ging; sie gingen barfuß auf Sandalen von Stricken.	
1597	— — II. Klasse: in Spanien ganz schwarz, nur weißes Vortuch; in Portugal: weißer Rock, darüber Kleid und Skapulier von schwarzer Serge, Mantel und Schleier schwarz, ebenso der Gürtel, Brusttuch weiß, Sandalen aus Stricken.	87. 173 u. 88. 175.
1603	— — III. Klasse von der Recollection: Kleidung von schwarzem, groben Wollenzeug, Brusttuch von weißer Wolle, ebenso der kleinere Weihel über dem ein größerer, schwarzer getragen wurde; schwarzer Ledergürtel, Schuhe von Leinenzeug, aber nur für Krankheitsfälle, in denen auch Leinen getragen werden durfte; der Rock wurde sehr eng getragen. Im Chore schwarz gekleidet, mit großem Mantel.	88. 176.
	— CARMELITINNEN, siehe Carmelitinnen.	
1613	— TRINITARIERINNEN: Habit, Skapulier und Brusttuch weiß, Mantel braun. blau und rotes Kreuz auf dem Skapulier und Mantel; barfuß auf Sandalen.	95. 190.
	U. L. F., in Paris, von der Congregation (Chorfrauen oder Kanonissinnen), siehe Klosterfrauen.	
	— VON DER BARMHERZIGKEIT, siehe Klosterfrauen.	
	— ZU CALVARIA, siehe Benediktinerinnen.	
	— VON DER CHRISTLICHEN LIEBE, siehe Hospitaliterinnen.	
	— VON DER DEMUT, siehe Klosterfrauen der hl. Clara.	
	— VON DER GNADE, siehe Klosterfrauen.	
	— — III. Orden, siehe Orden.	
	— VON DER ZUFLUCHT, siehe Klosterfrauen.	

Gründungszeit		Nummer der Bildtafeln und Figuren
	URBANISTINNEN, siehe Klosterfrauen der hl. Clara.	
1623	URSULINERINNEN VON ARLES: Kleidung gleich denen von Bordeaux, aber im Chore Schleppmantel und Weihel von Etamin.	
1637	— VON AVIGNON, Mariä Reinigung: Kleidung schwarz.	
1618	— VON BORDEAUX: Rock von schwarzer Serge mit etwas weiten Ärmeln, schwarz wollener Gürtel, schwarzer, weiß gefütterter Weihel, weißleinener Wimpel, schwarzer Schleier.	113. 225.
1618	— IN BURGUND: Kleid und Haube mit einer Art Kapuze schwarz, Halskragen weiß.	114. 228.
1619	— VON DIJON: Kleidung wie die der Pariser, nur statt Ledergürtel wollener Strick.	
1600	— VON FOLIGNY: schwarzer, vorn mit Hafteln geschlossener Leibrock mit engen Ärmeln; als Gürtel diente ein rotwollener Strick; im Hause trugen sie einen weißen Schleier, über den sie bei einem Ausgange noch einen schwarzen verwandten, der aber nur bis zum Gürtel reichte.	
	— IN FRANKREICH, CONGREGIERTE: Rock und Bluse schwarz, Halstuch weiß, Kopfbedeckung schwarz, über der ein schwarzer Taffetschleier getragen wurde; Rosenkranz.	111. 221.
1619	— VON LYON: Kleidung wie die der Pariser, aber mit einem schwarzwollenen Gürtel, der fünf Knoten hatte.	
1612	— VON PARIS: Habit schwarz, Weihel auch schwarz, aber weiß gefüttert, weißer Wimpel, lederner Riemen mit eiserner Schnalle, Mantel und Schleier schwarz, Rosenkranz und Kreuz.	112. 224.

Gründungszeit		Nummer der Bildtafeln und Figuren
	URSULINERINNEN (Fortsetzung).	
1575	— VON PARMA UND PIACENZA: Kleid und dünner Schleier schwarz, kein Brusttuch, im Gegenteil blieb der Hals unbedeckt, weiße Schürze.	114. 227.
1602	— VON ROM: dunkelblauwollenes Unterkleid, schwarzer Rock von Serge und Ledergürtel; im Hause weißer, bei Ausgängen schwarzer Weihel.	
1638	— IN DER SCHWEIZ: sie trugen einen Weihel und bedeckten ihr Gesicht mit einem großen Schleier.	
1615	— VON TOULOUSE: Habit, Skapulier und Brusttuch weiß, Weihel schwarz, weiße Strümpfe, schwarze Halbschuhe.	112. 223.
1623	— VON TULLE: schwarze Kleidung mit einem Riemen, sonst wie die von Bordeaux.	113. 226.
17. Jhrh.	— UNVERSCHLOSSENE, in einigen italienischen Städten, von denen aber nichts von ihrer Kleidung erwähnt ist.	
1100	VALLOMBROSANERINNEN: lange, schwarze Kutte mit sehr weiten Ärmeln; bis über die Ellbogen ging ein großer, weißer Schleier und über diesem ein kleinerer, schwarzer; beide waren durch ein weißes, über die Stirn sich ziehendes Band mit einer Schleife an der rechten Seite des Kopfes befestigt. Sie hatten einen schwarzen Rock und ebensolches Skapulier. Zum Benediktinerorden gehörig.	
	VICTOR, regulierte Chorfrauen der alten Congregation von St., siehe Regulierte Chorfrauen.	

C. Geistliche Mitglieder ritterlicher Orden.

1158	RITTERORDEN VON CALATRAVA, KLOSTERFRAU: Talar, Skapulier und Wimpel weiß, Weihel schwarz, innen weiß; auf der Brust (dem Skapulier)	

Gründungs-zeit		Nummer der Bildtafeln und Figuren
	großes, rotes Kreuz, weiße Strümpfe, schwarze Schuhe, Rosenkranz.	149. 297.
1317	CHRISTUSORDEN IN PORTUGAL, PRIESTER: Talar, Skapulier und Kapuze schwarz; ein weißes Kreuz auf einem roten Kreuze auf dem Kragen der Kapuze, Schnallenschuhe.	157. 314.
unbek.	CONSTANTINERORDEN, GEISTLICHER RITTER: großer, blauer Mantel, blaue viereckige Sammetmütze mit den Buchstaben X und P an den 4 Seiten.	145. 289.
	— PRIESTER DES GEHORSAMS ODER KAPLAN: Chorrock von blauem Taffet mit Fransen rundherum und an der Seite das Kreuz von rotem Samt. Außer bei Zeremonien trugen sie ein goldenes Kreuz um den Hals und auf dem Mantel ein Kreuz von roter Wolle mit einer Schnur von gelber Wolle eingefaßt. Wietz zeichnet das Bild eines Geistlichen Ritters etwas abweichend von obiger Beschreibung: langer, schwarzer Habit, langer, himmelblauer Mantel und blaues Birett auf dessen 4 Seitenflächen je ein * sich befindet; auf der linken Seite des Mantels in Brusthöhe befindet sich ein rotes Kreuz. Vom Halse herab bis zu den Füßen laufen 2 gelb und rote Schnüre, die in Quasten enden.	
1190	DEUTSCHE ORDENSRITTER, Priester: schwarzer Talar bis zu den Knöcheln, schwarze Strümpfe und Schuhe, weißer Mantel, auf dessen linker Seite in Brusthöhe das Deutschordenskreuz sich befindet; Vollbart.	146. 292.
	— — Nonne: schwarzes Kleid, weißer Mantel, schwarzer Weihel, weißer Wimpel, schwarze Schuhe und Strümpfe; auf der linken Seite des Mantels in Brusthöhe das Deutschordenskreuz.	146. 291.

Gründungszeit		Nummer der Bildtafeln und Figuren
1256	RITTER DES HL. GEISTES IN SASSONIA ZU ROM, auch die blauen Ritter genannt: Priester: Talar, Mantel und Hut schwarz; auf Talar und Mantel ein weißes Patriarchenkreuz (‡).	155. 310.
	— — IN FRANKREICH: Priester: Talar und Mozett schwarz, letzteres mit blauen Knöpfen, Rochett mit ganz weiten Ärmeln, Umhang schwarz, blau gefüttert; auf Mozett und Umhang das Patriarchenkreuz (‡) weiß.	156. 312.
1351	BLAUER HOSENBANDORDEN, Chorherr: purpurroter Mantel mit dem Bilde des hl. Georg in runder Goldeinfassung auf der rechten Schulter; schwarzer Talar, schwarze Strümpfe und Schuhe; um den Hals eine weiße getollte Krause.	158. 315.
unbek.	HOSPITALITERRITTER VON AUBRAC oder Albrac in Frankreich, Priester: langer, faltenreicher, schwarzer Talar mit großen, weißen Beffchen; auf der linken Brustseite ein blaues, achtspitziges Kreuz, schwarzes Birett. Die Ärmel des Talars reichen bis auf die Erde.	148. 295.
12. Jhrh.	RITTERORDEN DES HL. JAKOB MIT DEM SCHWERTE in Spanien und Portugal: Chorherr: Kleidung wie Weltpriester, aber über den Talar zogen sie ein weißes Rochett ohne Ärmel; großer, schwarzer Mantel, auf dessen linker Seite das rote Ordenskreuz sich befindet. Im Chore schwarzes Bischofsmäntelchen mit dem Ordenskreuze und hohes, schwarzes Birett.	150. 300.
	— — — Ordensfrau: schwarzer Talar, weißer Mantel mit dem Ordenskreuz und weißen Schnüren, die bis zur Erde reichen und in Quasten enden.	151. 301.
1048 bzw. 1104	JOHANNITER-, RHODISER- ODER MALTESER-ORDEN, Priester im Festkleide: schwarzer Talar, weißes Rochett und über diesem schwarzseidenes	

Gründungszeit | Nummer der Bildtafeln und Figuren

JOHANNITER (Fortsetzung).

Mozett, auf dessen linker Seite das weiße Ordenskreuz sich befindet; Birett, schwarze, weiß gerandete Beffchen. Ihre gewöhnliche Kleidung bestand in einem schwarzen Talar und Mantel, auf dessen linker Seite sich das Ordenskreuz befand, und zwar auf dem Talar in verkleinerterem Maßstabe als auf dem Mantel; die Beffchen wie vorerwähnt, und um den Hals an einem roten Bande ein kleines, goldenes Kreuz. 142. 283. u. 284.

— Johanniterinnen vor der Eroberung der Insel Rhodus: Roter Rock, eng anliegende, schwarze Weste (Mieder) mit dem weißen, achtspitzigen Ordenskreuz auf der Brust, graues Brusttuch, schwarzer Schleier, roter Mantel mit Pelz besetzt und großem Ordenskreuz auf der linken Brustseite des Mantels. 143. 286.

— — von Florenz: als Zeremonienkleid trugen sie Habit und Skapulier schwarz, Schleier ebenfalls schwarz, aber weiß gefüttert, Brusttuch weiß, die Leidenswerkzeuge des Heilands trugen sie an einer Kette um den Hals; auf der Brust das achtspitzige Ordenskreuz, Mantel, auf dem ebenfalls das Ordenskreuz sich befand. 143. 285.

1048 bzw. 1104 HOSPITALITERINNEN DES HL. JOHANNES VON JERUSALEM, auch JOHANNITERINNEN DES RITTERLICHEN MALTESERORDENS NACH der Eroberung der Insel Rhodus: Kleid, Skapulier, Mantel und Weihel schwarz, Wimpel weiß; auf der linken Brustseite des Mantels das Ordenskreuz und als Schmuck die Leidenswerkzeuge des Heilands an einer Kette um den Hals.

1217 RITTERLICHER KREUZHERRENORDEN MIT DEM ROTEN STERN, General und Großmeister: roter, mit Hermelin gefütterter Rock, über dem er einen schwarzen Talar trug, weißseidene Leibbinde (Schärpe), Schwert, dessen Griff Kreuzform hat,

Gründungszeit | Nummer der Bildtafeln und Figuren

weißseidener mit Gold verzierter Hut, um den Hals doppelte, goldene Kette, woran ein goldenes, mit Rubinen besetztes, achtspitziges Kreuz mit einem sechseckigen Stern hing. Für gewöhnlich aber trug er einen schwarzen Talar ohne Kreuz und einen schwarzen Mantel, der sich durch seine Länge von den anderen unterschied, mit dem roten Kreuz und Stern, um den Hals aber die vorerwähnte doppelte Goldkette. 154. 307.

Priester: schwarzer Talar und Mantel, letzterer vorn breit offen, auf der Brust rotes, achtspitziges Kreuz und darunter sechseckiger Stern in roter Seide; weiße Beffchen. 154. 308.

Hospitaliterinnen: obschon von Schwestern des ritterlichen Kreuzherrenordens in Breslau die Rede ist, ist es wahrscheinlich, daß es sich dabei um Clarissinnen (Damianitinnen) gehandelt hat.

Hélyot meint, daß die Ritterlichen Kreuzherren mit dem roten Stern vordem im Königreiche Böhmen Kreuzträger mit dem Sterne hießen.

unbek. HOSPITALITERORDEN DES HL. LAZARUS VON JERUSALEM, Geistlicher Ritter des Ordens U. L. F. vom Berge Carmel und des hl. Lazarus zu Jerusalem: die geistlichen Ritter oder Kapläne haben ein Leinenkleid (Rochett) über ihrem langen Talar, kurzer Mantel bis an die Ellbogen von amarantfarbigem Samt mit einem gestickten, achtspitzigen Kreuze, das in der Mitte das Bild der hl. Jungfrau Maria trägt, auf der grün angelaufenen Rückseite aber das Bild des hl. Lazarus. Jede Ecke des Kreuzes hat ein goldenes Knöpfchen, und in jedem Winkel des Kreuzes befindet sich eine goldene Lilie; das Kreuz wird auch an amarantfarbigem Bande getragen. Talar schwarz, Rochett, Bischofsmäntelchen, Beffchen und Birett. Auf der linken Seite des Bischofsmäntelchens befindet sich ebenfalls das achtspitzige Kreuz; der Talar hat sehr weite Ärmel; getollte, weiße Halskrause. 147. 294.

Gründungs-zeit		Nummer der Bildtafeln und Figuren
	ORDENSFRAUEN VON DER PASSION (Orden des Leidens Christi oder von der Passion): weißes Kleid mit roten Ärmeln, roter, mit Gold eingefaßter Gürtel und goldene Quasten, weißer Mantel, schwarz gefüttert und rot eingesäumt, weißer, rot eingefaßter Schleier, auf dem auf der Stirn ein kleines, rotes Kreuz sich befindet, weißer Wimpel, weiße Strümpfe und schwarze Halbschuhe. Die Existenz dieser Ordensfrauen wird angezweifelt.	159. 318.
1554	RITTERORDEN ST. STEPHAN, DES PAPSTES UND MARTYRERS, im Großherzogtum Toskana; Kaplan: weißer, rosenrot gefütterter Talar und ebensolches Bischofsmäntelchen mit rotem, achtspitzigem Kreuz auf dessen linker Seite, Rochett und schwarze Kotze.	160. 319.
	Klosterfrau: weißwollenes Kleid und Skapulier, worauf das Ordenskreuz in Gold eingefaßt sich befindet, schwarzer, weiß gefütterter Weihel, weißer Wimpel und weiße Kutte mit großen, rosenfarbigen Taffetaufschlägen. Die Äbtissin trägt ein größeres Ordenskreuz und von rotem Samt.	160. 320.
1118	TEMPELHERREN; Priester: weiter, weißer Talar, Mantel und Tonsurkäppchen ebenfalls weiß, rotes Kreuz auf der linken Brustseite des Mantels, weiße Strümpfe, schwarze Schuhe; Vollbart.	144. 287.
1218	RITTER U. L. F. VON DER GNADE, oder de la merci zur Auslösung der Gefangenen; Priester: Habit, Skapulier, Mantel und Kapuze weiß, auf der Brust das Ordenswappen in gelb und rot.	152. 304.

Tafel 1

Fig. 1
Mönch des hl. Chariton

Fig. 2
Einsiedler vom Berge Luco

Tafel 2

Fig. 3
Eremit des hl. Paulus
von Theben

Fig. 4
Eremit des hl. Paulus
in Portugal

Tafel 3

Fig. 5
Eremit des hl. Paulus
in Frankreich

Fig. 6
Pauliner-Mönch

Tafel 4

Fig. 7
Mönch des hl. Antonius

Fig. 8
Regulierter Chorherr
des hl. Antonius

Tafel 5

Fig. 9
Armenischer Mönch des hl. Antonius,
Mechitarist

Fig. 10
Chaldäischer Mönch
des hl. Antonius

Tafel 6

Fig. 11
Syrischer oder Jacobitenmönch
des hl. Antonius

Fig. 12
Koptischer oder
Ägyptischer Mönch

Tafel 7

Fig. 13
Äthiopischer oder
Abessinischer Mönch

Fig. 14
Mönch vom Orden
des hl. Pachomius

Tafel 8

Fig. 15
Mönch des hl. Makarius

Fig. 16
Alter orientalischer Mönch

Tafel 9

Fig. 17
Kaloger, Novize;
griech. Mönch des hl. Basilius

Fig. 18
Kaloger, Megalochemy;
griech. Mönch des hl. Basilius

Tafel 10

Fig. 19
Mingrelischer Mönch

Fig. 20
Moskowitischer oder
russ. Mönch des hl. Basilius

Tafel 11

Fig. 21
Mönch des hl. Basilius
in Italien

Fig. 22
Mönch des hl. Basilius
in Polen

Tafel 12

Fig. 23
Slavonischer Mönch

Fig. 24
Mönch von Tardon

Tafel 13

Fig. 25
Bartholomit

Fig. 26
Akömetischer oder Studitenmönch

Tafel 14

Fig. 27
Carmelit nach einem Gemälde
im Kloster St Katharina in Löwen

Fig. 28
Carmelit nach einem Gemälde
im Kloster zu Antwerpen

Tafel 15

Fig. 29
Beschuhter Carmelit

Fig. 30
Beschuhter Carmelit

Tafel 16

Fig. 31
Carmelit von der
Congregation zu Mantua

Fig. 32
Unbeschuhter Carmelit

Tafel 17

Fig. 33
Regulierter Chorherr aus dem 11. Jahrhundert

Fig. 34
Mönch vom indischen Orden der Carmeliten

Tafel 18

Fig. 35
Regulierter Chorherr aus dem 12. Jahrhundert

Fig. 36
Regulierter Chorherr von St. Salvator, auch St. Johann im Lateran

Tafel 19

Fig. 37
Regulierter Chorherr
von der alten Congregation St. Maria
im adriatischen Hafen

Fig. 38
Regulierter Chorherr
vom Lateran in Polen

Tafel 20

Fig. 39
Regulierter Chorherr
von St. Rufus

Fig. 40
Regulierter Chorherr
von St. Laurenz von Oulx

Tafel 21

Fig. 41
Regulierter Chorherr
vom Eligiusberge bei Arras

Fig. 42
Regulierter Chorherr
von St. Moriz in Agauno

Tafel 22

Fig. 43
Regulierter Chorherr
von St. Johann von den Weinbergen
in Soissons

Fig. 44
Regulierter Chorherr
von den Congregationen
zu Marbach und Arrouaise

Tafel 23

Fig. 45
Regulierter Chorherr vom Orden
des Hl. Grabes in Deutschland

Fig. 46
Regulierter Chorherr von
St. Antonius von Viennois

Tafel 24

Fig. 47
Regulierter Chorherr vom Orden des Hl. Grabes in Polen

Fig. 48
Regulierter Chorherr vom Orden des Hl. Grabes in England

Tafel 25

Fig. 49
Sogenannter schwarzer
regulierter Chorherr
in England

Fig. 50
Regulierter Chorherr
von St. Victor
im Chorkleid des Sommers

Tafel 26

Fig. 51
Laienbruder von der Congregation der regulierten Chorherren von St. Victor

Fig. 52
Regulierter Prämonstratenser=Chorherr beim Ausgang

Tafel 27

Fig. 53
Regulierter Prämonstratenser=
Chorherr im Chor

Fig. 54
Regulierter Chorherr
zum hl. Kreuz
zu Coimbra in Portugal

Fig. 55
Regulierter Chorherr
an der Domkirche zu Pampelona
im Chorkleid

Fig. 56
Regulierter Chor- und Spitalsherr
von Ronceval

Tafel 29

Fig. 57
Regulierter Chor- und Spitalsherr
des Hl. Geistes in Frankreich,
Chorkleid des Sommers

Fig. 58
Regulierter Chorherr
des hl. Gilbert von Sempringham

Fig. 59
Regulierter Chor= und Spitalsherr
des Hl. Geistes in Italien
im Chorkleid

Fig. 60
Regulierter Chor= und Spitalsherr
des Hl. Geistes in Polen
im Chorkleid

Tafel 31

Fig. 61
Regulierter Chorherr
der Kreuzträger in Italien

Fig. 62
Regulierter Chorherr
der Kreuzträger in den Niederlanden

Tafel 32

Fig. 63
Regulierter Chorherr U. L. F.
von Metro, vulgo Wasserpolaken,
im Hauskleid

Fig. 64
Regulierter Chorherr U. L. F.
von Metro, vulgo Wasserpolaken,
im Chorkleid

Tafel 33

Fig. 65
Hospitaliter=Chorherr
von Conventry in England

Fig. 66
Regulierter=Chorherr
von Monte Corbulo

Tafel 34

Fig. 67
Mönch vom
Hospital St. Gervasius

Fig. 68
Hospitaliter=Chorherr von
St. Jakob du Haut=Pas
oder von Lucca

Fig. 69
Regulierter Chorherr
von St. Markus in Mantua

Fig. 70
Hospital=Chorherr
zu St. Johann dem Täufer
in Beauvais

Fig. 71
Alter französischer Trinitarier-Chorherr

Fig. 72
Alter spanischer Trinitarier-Chorherr

Tafel 37

Fig. 73
Verbesserter beschuhter Trinitarier

Fig. 74
Barfüßiger Trinitarier
in Spanien, Italien und Deutschland

Fig. 75
Geistlicher vom
gemeinschaftlichen Leben

Fig. 76
Barfüßiger Trinitarier
in Frankreich

Tafel 39

Fig. 77
Regulierter Chorherr der
Congregation von Windesheim

Fig. 78
Regulierter Chorherr der
Congregation von Grönendael

Fig. 79	Fig. 80
Weltlicher Chorherr von der Congregation St. Georg in Alga in Sizilien	Weltlicher Chorherr von der Congregation St. Georg in Alga in Venedig

Tafel 41

Fig. 81
Regulierter Chorherr
von St. Lo in Rouen

Fig. 82
Regulierter Chorherr
von Schülerthal

Tafel 42

Fig. 83
Alter regulierter Chorherr
der Domkirche zu Usez

Fig. 84
Regulierter Chorherr
der Verbesserung von Chancelade

Tafel 43

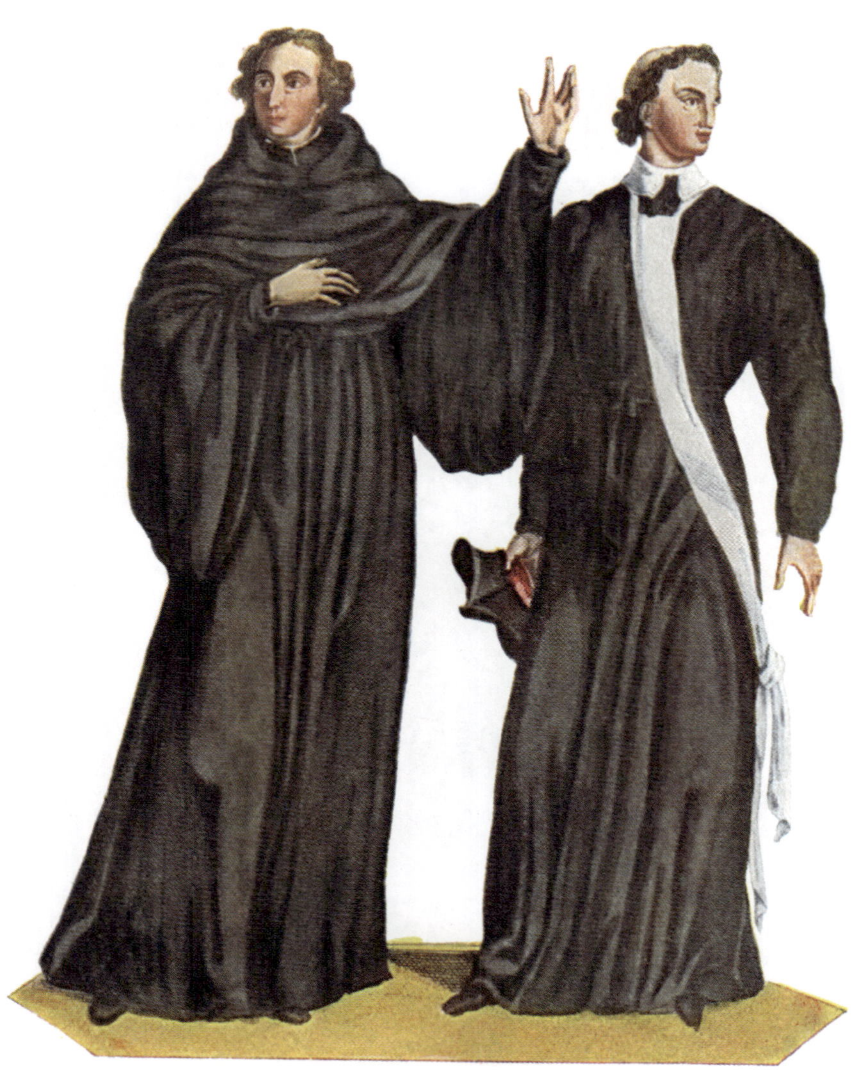

Fig. 85
Einsiedler des hl. Augustin

Fig. 86
Regulierter Chorherr
der Congregation unseres Heilandes

Tafel 44

Fig. 87
Barfüßiger Augustiner
in Deutschland

Fig. 88
Ordensbruder der armen
Katholiken

Tafel 45

Fig. 89
Hospitaliter vom
großen Spital zu Paris

Fig. 90
Mönch vom Orden
der Buße Jesu Christi,
auch Sackträger genannt

Fig. 91
Dominikaner von der ursprünglichen Observanz

Fig. 92
Dominikaner oder Predigerbruder

Tafel 47

Fig. 93
Barfüßer des
Ordens U. L. F. von der Gnade

Fig. 94
Servit

Tafel 48

Fig. 95
Mönch vom Orden
der Weißmäntel

Fig. 96
Einsiedlerservit

Tafel 49

Fig. 97
Bethlehemit oder Sternträger
in England

Fig. 98
Bethlehemit in Westindien

Tafel 50

Fig. 99
Mönch vom Orden der
hl. Magdalena in Deutschland

Fig. 100
Hospitaliter U. L. F.
von der Leiter

Tafel 51

Fig. 101
Jesuat des hl. Hieronymus

Fig. 102
Alexianer oder Cellit

Tafel 52

Fig. 103
Religios vom Orden
des hl. Sabas

Fig. 104
Hieronymit im Stadtkleid

Fig. 105
Einsiedler des hl. Hieronymus

Fig. 106
Brigittaner

Tafel 54

Fig. 107
Theatiner

Fig. 108
Barnabit

Tafel 55

Fig. 109
Hospitaliter des hl. Johann von Gott
in Frankreich

Fig. 110
Barmherziger Bruder

Fig. 111
Regulierter Geistlicher
der Mutter Gottes von Lucca

Fig. 112
Piaristenordenspriester

Tafel 57

Fig. 113
Religios vom Orden
des hl. Columban

Fig. 114
Benediktiner der Congregation
von St. Denis

Tafel 58

Fig. 115
Benediktiner der Congregation
von Fulda

Fig. 116
Benediktiner der Congregation
St. Victor in Marseille im Chorkleid

Fig. 117
Adeliger Benediktiner der Congregation von St. Claudius

Fig. 118
Benediktiner der Congregation von Cluni in der Kutte

Tafel 60

Fig. 119
Kamaldulenser

Fig. 120
Benediktiner von Monte Avellano

Tafel 61

Fig. 121
Cisterzienser

Fig. 122
Valombrosaner

Tafel 62

Fig. 123
Feuillant in der Hauskleidung

Fig. 124
Religios von Flore in Calabrien

Fig. 125
Benediktiner von Font=Evrand

Fig. 126
Religios von La Trappe

Fig. 127
Benediktiner von Montevergine

Fig. 128
Humiliat

Fig. 129
Silvestriner im Chorkleid

Fig. 130
Cölestiner im Hauskleide

Fig. 131
Religios vom Corpus Christi=Orden

Fig. 132
Religios von Monte Oliveto

Tafel 67

Fig. 133
Benediktiner
von Monte Cassino

Fig. 134
Benediktiner
von St. Waast in Arras

Tafel 68

Fig. 135
Benediktiner von Perecy

Fig. 136
Englischer Benediktiner

Fig. 137
Cäsariner

Fig. 138
Klareniner

Fig. 139
Franziskaner von der Gesellschaft Gentils von Spoleto

Fig. 140
Franziskaner oder Minderbruder von der Observanz

Tafel 71

Fig. 141
Rekollekt von der strengen Observanz

Fig. 142
Minorit oder Conventual

Tafel 72

Fig. 143
Verbesserter Conventual vom Orden
des hl. Franz von Assisi

Fig. 144
Kapuziner

Fig. 145
Mönch vom III. Orden
des hl. Franz von Assisi
von der strengen Observanz
in Frankreich

Fig. 146
Mönch vom III. Orden
des hl. Franz von Assisi
von der strengen Observanz
in der Lombardei

Fig. 147
Grandmontenser

Fig. 148
Carthäuser

Tafel 75

Fig. 149
Minimen

Fig. 150
Jesuit

Tafel 76

Fig. 151
Redemptorist, Hauskleid

Fig. 152
Redemptorist, vollständiges Kostüm

Fig. 153
Armenische Nonne des
hl. Antonius

Fig. 154
Nonne des
hl. Antonius

Tafel 78

Fig. 155
Äthiopische oder
abessinische Nonne des hl. Antonius

Fig. 156
Alte koptische Nonne

Tafel 79

Fig. 157
Nonne des hl. Hilarion

Fig. 158
Nonne des Ordens
vom hl. Pachomius

Fig. 159
Alte morgenländische Nonne
des Ordens vom hl. Basilius

Fig. 160
Klosterfrau vom Orden
des hl. Basilius
in den Abendländern

Tafel 81

Fig. 161
Akömetische oder
Studitennonne

Fig. 162
Carmelitin von der
alten Observanz

Fig. 163
Beschuhte Carmelitin, Chorkleid

Fig. 164
Carmelitin in Frankreich

Tafel 83

Fig. 165
Unbeschuhte Carmelitin,
Chorkleid

Fig. 166
Unbeschuhte Carmelitin,
Hauskleid

Fig. 167
Schwester vom III. Orden der Carmelitinnen

Fig. 168
Büßende oder Bekehrte zu Orvieto in Italien

Tafel 85

Fig. 169
Eine der ersten Klosterfrauen
des hl. Augustin

Fig. 170
Eremitennonne
des hl. Augustin

Fig. 171
Augustinerin von Dornick

Fig. 172
Augustinerin von Venedig

Fig. 173
Unbeschuhte Augustinerin,
II. Klasse, Spanien

Fig. 174
Beschuhte Augustinerin

Fig. 175
Unbeschuhte Augustinerin,
II. Klasse, Portugal

Fig. 176
Unbeschuhte Augustinerin,
III. Klasse von der Rekollektion

Tafel 89

Fig. 177
Regulierte Chorfrau
vom Lateran

Fig. 178
Regulierte Chorfrau
von Chaillot

Tafel 90

Fig. 179
Klosterfrau vom Orden der
hl. Jungfrau Birgitta

Fig. 180
Regulierte Chorfrau
vom Orden des Hl. Grabes

Tafel 91

Fig. 181
Prämonstratenserordens-
Chorfrau

Fig. 182
Regulierte Chorfrau der alten
Congregation von St. Victor

Tafel 92

Fig. 183
Laienschwester des Ordens
des hl. Gilbert

Fig. 184
Klosterfrau des Ordens
des hl. Gilbert

Fig. 185
Hospitaliterin von St. Katharina in Paris

Fig. 186
Hospitaliterin des Ordens des Hl. Geistes

Fig. 187
Hospitaliterin von Beauvais

Fig. 188
Gottestochter von Rouen

Tafel 95

Fig. 189
Trinitarierin von der
alten Observanz

Fig. 190
Unbeschuhte Trinitarierin

Tafel 96

Fig. 191
Hospitaliterin des
hl. Thomas von Villanova

Fig. 192
Klosterfrau von der
Congregation U. L. F.

Tafel 97

Fig. 193
Nonne von der Buße Christi
oder Sackträgerin

Fig. 194
Hospitaliterin vom
großen Spital in Paris

Tafel 98

Fig. 195
Klosterfrau
von Recanati in Italien,
auch von der Himmelfahrt genannt

Fig. 196
Klosterfrau
von Mariä Himmelfahrt,
Haudrieten genannt

Fig. 197
Dominikanerin seit 1218

Fig. 198
Dominikanerin von 1208

Tafel 100

Fig. 199
Unregulierte Dominikanerin
von St. Bartholomäus in Aix von 1708

Fig. 200
Unregulierte Klosterfrau
von Montfleury

Tafel 101

Fig. 201
Klosterfrau des Ordens
U. L. F. von der Gnade

Fig. 202
Schwester vom III. Orden
U. L. F. von der Gnade

Fig. 203
Hospitaliterin vom Orden der Bethlehemiten in Westindien

Fig. 204
Klosterfrau vom Orden der Serviten

Tafel 103

Fig. 205
Klosterfrau vom Orden
von der Buße der hl. Magdalena
in Metz

Fig. 206
Klosterfrau vom Orden
von der Buße der hl. Magdalena
in Frankreich

Tafel 104

Fig. 207
Klosterfrau der
hl. Magdalena
oder Bekehrte in Rom

Fig. 208
Klosterfrau von der Congregation
St. M. Magdalena,
gewöhnlich Magdelonette genannt

Tafel 105

Fig. 209
Cellitin oder Cölestine,
auch Schwarze Schwester genannt,
im Mantel

Fig. 210
Cellitin oder Cölestine
im Hauskleide

Tafel 106

Fig. 211
Jesuatin des hl. Hieronymus

Fig. 212
Hieronymitanerin in Spanien

Fig. 213
Birgittinerin im Hauskleid

Fig. 214
Birgittinerin im Mantel

Fig. 215
Klosterfrau von der hl. Birgitta von der Rekollektion

Fig. 216
Nonne vom Orden des hl. Ambrosius

Tafel 109

Fig. 217
Theatinerin
von der Congregation

Fig. 218
Klosterfrau
des hl. Ambrosius

Tafel 110

Fig. 219
Theatinerin von der
Einsiedelei

Fig. 220
Englische Klosterfrau,
Angelike genannt, in Italien

Tafel 111

Fig. 221
Congregierte Ursulinerin
in Frankreich

Fig. 222
Englisches Fräulein

Fig. 223
Ursulinerin von der
Congregation zu Toulouse

Fig. 224
Ursulinerin von der
Congregation zu Paris

Fig. 225
Ursulinerin von der
Congregation zu Bordeaux

Fig. 226
Ursulinerin von der
Congregation zu Tulle

Fig. 227
Ursulinerin von Parma

Fig. 228
Ursulinerin von Burgund

Tafel 115

Fig. 229
Augustinerin von St. Katharina
der Seiler in Rom

Fig. 230
Klosterfrau der
himmlischen Verkündigung,
Annunziate genannt

Fig. 231
Philippinerin

Fig. 232
Klosterfrau von Mariä Reinigung in Italien

Fig. 233
Klosterfrau vom Orden des fleischgewordenen Wortes

Fig. 234
Klosterfrau U. L. F. von der Barmherzigkeit

Tafel 118

Fig. 235
Klosterfrau von der ewigen Anbetung des Hl. Sakramentes

Fig. 236
Hospitalklosterfrau von St. Josef

Fig. 237
Geistliche Frau des
königlichen Hauses St. Ludwig
zu St. Cyr bei Versailles
vor dem Jahre 1707

Fig. 238
Benediktinerin nach der
ersten Verbesserung

Tafel 120

Fig. 239
Klosterfrau von
Masmünster

Fig. 240
Kamaldulenserin
im Chorkleide

Fig. 241
Cistercienserin in Portugal

Fig. 242
Cistercienserin im Hauskleide

Fig. 243
Cistercienserin von
Portroyal im Chorkleide

Fig. 244
Verbesserte Bernhardinerin
v. d. göttl. Vorsehung und St. Bernhard
in Frankreich und Savoyen

Fig. 245
Bernhardinerin
von Tart
vor der Verbesserung

Fig. 246
Klosterfrau
von Ebraldsbrunn
nach 1641

Tafel 124

Fig. 247
Klosterfrau des Ordens
von Montevergine

Fig. 248
Humiliatin

Fig. 249
Silvestrinerin

Fig. 250
Benediktinerin
von Monte Oliveto

Tafel 126

Fig. 251
Oblatin
der hl. Franziska Romana

Fig. 252
Adelige Benediktinerin
von Bourburg

Tafel 127

Fig. 253
Klosterfräulein
von Estrun

Fig. 254
Adelige Klosterfrau
der Abtei Grand Bigard

Fig. 255
Adelige Benediktinerin
von Venedig

Fig. 256
Verbesserte Benediktinerin
U. L. F. vom Frieden

Fig. 257
Benediktinerin von
U. L. F. zu Bourdo

Fig. 258
Benediktinerin
U. L. F. von Calvaria

Fig. 259
Weltliche Kanonissin
von Remiremont

Fig. 260
Kanonissin von Köln

Fig. 261
Chorfrau von
Nivelle vor Alters

Fig. 262
Kanonissin von Homburg

Fig. 263
Weltliche Chorfrau zu Mons
im 2. Jahre des Noviziates

Fig. 264
Äbtissin von Maubeuge

Fig. 265
Kapuzinerin im Chorkleide

Fig. 266
Clarissin im Hauskleide

Fig. 267
Einsiedler-Clarissin
von der Verbesserung des
hl. Petrus von Alkantara

Fig. 268
Clarissin
von der strengen Observanz
in Italien

Tafel 135

<table>
<tr>
<td>Fig. 269
Klosterfrau und Hospitaliterin
vom III. Orden
des hl. Franziskus,
auch Elisabethinerin oder
Barmherzige Schwester</td>
<td>Fig. 270
Klosterfrau und Hospitaliterin
vom III. Orden
des hl. Franziskus,
auch Elisabethinerin
von la Faille</td>
</tr>
</table>

Fig. 271
Hospitaliterin des hl. Franziskus, auch Graue Schwester

Fig. 272
Hospitaliterin von Mons vor der Verbesserung

Tafel 137

Fig. 273
Rekollektine vom III. Orden des hl. Franziskus

Fig. 274
Bußschwester der strengen Observanz des III. Ordens des hl. Franziskus

Tafel 138

Fig. 275
Klosterfrau von der
Unbefleckten Empfängnis Mariä

Fig. 276
Klosterfrau von den
zehn Tugenden Mariä

Tafel 139

Fig. 277
Carthäuserin im Einsegnungsschmucke

Fig. 278
Chorfrau von Noli

Fig. 279
Carthäuserin im Hauskleide

Fig. 280
Paulanerin im Mantel

Tafel 141

Fig. 281
Großmeister des Malteserordens

Fig. 282
Malteserritter
im Zeremonienkleide

Tafel 142

Fig. 283
Malteserpriester
im festlichen Gewande

Fig. 284
Malteserpriester
in gewöhnlicher Kleidung

Tafel 143

Fig. 285
Johanniterin von Florenz im Zeremonienkleide

Fig. 286
Ehemalige Tracht der Johanniterin vor Eroberung der Insel Rhodus

Fig. 287
Priester des
Tempelherrenordens

Fig. 288
Waffenbruder des
Tempelherrenordens

Fig. 289
Geistlicher Ritter
des Constantinerordens

Fig. 290
Dienender Bruder
des Constantinerordens

Fig. 291
Deutschordensnonne

Fig. 292
Deutschordenspriester

Tafel 147

Fig. 293
Ritter der hl. Katharina
vom Berge Sinai

Fig. 294
Geistlicher Ritter
des hl. Lazarus

Fig. 295
Priester des Ritterordens
von Aubrac im Chorkleide

Fig. 296
Ritter von Aubrac

Tafel 149

Fig. 297
Klosterfrau des Ritterordens
von Calatrava

Fig. 298
Ritter von Calatrava
im Zeremonienkleide

Fig. 299
Ritter des hl. Jakobus mit dem Schwerte in Spanien

Fig. 300
Chorherr des Ritterordens des hl. Jakobus mit dem Schwerte

Tafel 151

Fig. 301
Klosterfrau des Ritterordens
des hl. Jakobus mit dem Schwerte

Fig. 302
Ritter des Elephantenordens
in Dänemark

Tafel 152

Fig. 303
Ritter U. L. F.
von der Gnade

Fig. 304
Priester des Ritterordens U. L. F.
von der Gnade

Fig. 305
Ritter des Kreuzherrenordens
mit dem roten Stern

Fig. 306
Ritter U. L. F.
vom Rosenkranze

Tafel 154

Fig. 307
Generalgroßmeister
des Kreuzherrenordens

Fig. 308
Priester
des Kreuzherrenordens

Tafel 155

Fig. 309
Ritter des Hl. Geistordens
in Sassia zu Rom

Fig. 310
Priester des Hl. Geistordens
in Italien, in der Stadtkleidung

Fig. 311
Ritter des Hl. Geistes
von Montpellier

Fig. 312
Priester des Ordens des Hl. Geistes
in Frankreich, im Winterchorkleide

Fig. 313
Ritter vom Orden Christi
in Portugal

Fig. 314
Priester vom Orden Christi
in Portugal

Tafel 158

Fig. 315
Chorherr vom Orden
des blauen Hosenbandes

Fig. 316
Ritter vom Orden
des blauen Hosenbandes
in England

Fig. 317
Ritter des Hermelins
in der Bretagne

Fig. 318
Ordensfrau
von der Passion

Fig. 319
Kaplan des Stephaniordens

Fig. 320
Klosterfrau des Stephaniordens